Rizzoli | ARGENTOVIVO

ANNAMARIA PISCOPO

LA MEMORIA DELLE FARFALLE

Rizzoli

Pubblicato per

Rizzoli

da Mondadori Libri S.p.A.

Published by arrangement with Walkabout Literary Agency

ISBN 978-88-17-14423-0

Prima edizione **ARGENTOVIVO**: marzo 2020

Realizzazione editoriale: Librofficina

A Giuseppe, nessun posto al tuo posto.

Come voi avete occhi per vedere la luce, e orecchie per sentire i suoni, così avete un cuore per percepire il tempo. E tutto il tempo che il cuore non percepisce è perduto, come i colori dell'arcobaleno per un cieco o il canto dell'usignolo per un sordo.

MICHAEL ENDE, *Momo*

Prologo

GIULIA

Ci teniamo per mano, lo facciamo sempre quando siamo in giro. Anche quando dormiamo a casa mia, strette sotto il piumone, che sa di marmellata ed essenza alla vaniglia che mia madre spruzza senza sosta, in ogni stanza. Dormiamo spesso da me, perché ho Sky in camera e abbiamo rivisto *Twilight* almeno sette volte. È la sua saga preferita. Alice lascia la mia mano e attraversa da sola via del Babuino, mentre la pioggia comincia a cadere sottile, come un guanto di velluto che non dà fastidio. È un aprile insolitamente mite, ma la gente comincia a ripararsi sotto le tettoie nel timore di un acquazzone. Io resto a fissarla mentre attraversa la strada sicura di sé, i capelli lunghi sulle spalle, si guarda intorno e sorride quando nota che non ho ancora attraversato.

Alice è più alta di me di quattro centimetri abbondanti, abbiamo sedici anni, ma lei ne dimostra almeno due in più, con il sorriso sbarazzino e le labbra piene.

Qualcuno si gira a guardarla mentre la raggiungo, le afferro la mano e ci rifugiamo sotto un porticato. Mi scosto i capelli dal viso.

«Domani andiamo alla partita dei ragazzi?» e intanto digita sull'iPhone, rispondendo a chissà chi. Mi guarda con la coda dell'occhio, sorride quasi. Sa che non riesco a dirle di no.

«Se ti va» le rispondo sottovoce. Annuisce sorridendo veramente.

«E a te?» mi chiede senza staccare lo sguardo dal cellulare. So che non le importa davvero, vuole solo essere assecondata. Io non le rispondo subito, ma ci penso su. No, non mi va. Non mi va di starmene seduta a guardare per due ore i ragazzi che fingeranno di tenerci alla partita di calcetto, solo per urlarsi parolacce e darsi arie da serie A. Non c'è neppure qualcuno che mi piaccia, in classe con noi. E poi ci saranno quelle due snob della 4D.

«Passiamo, dài, sarà divertente» aggiunge invece lei, e la vedo illuminarsi come sempre quando viene accontentata. Si annoda i capelli in uno chignon improvvisato, che la rende perfetta.

«Ora scappo, mio padre mi sta già aspettando alla metro.» Mi sorride e mi dà un bacio fugace sulla guancia che sa di pioggia. «Grazie di avermi fatta ragionare. Senza di te, non saprei come affrontare questa storia. Lo dirò ai miei. E grazie che mi accompagni in quest'avventura, non lo dimenticherò mai» dice mentre si allontana.

«Sei bella, puffa» mi urla in mezzo alla gente che si muove freneticamente intorno a noi. Mi chiama così da quando in quarta ginnasio lei sviluppò le sue forme aggraziate e sensuali, mentre io ero ancora una bambina. Le spalle ingobbite, le gambe sottili e la statura di una delle medie.

Io resto ferma all'angolo, aspettando di vederla sparire. E poi succede. Nella mia mente si fissa dettaglio dopo dettaglio. Alice che si volta a salutarmi, la faccia serena un attimo prima e poi che si deforma subito dopo. Come se avesse visto qualcosa di tremendo. Il mio nome che si spegne sulle sue labbra. I miei piedi immobili. La sua mano non ce la fa ad arrivare al petto, stramazza al suolo. Grido, ma non mi muovo. E quando arrivo da lei urlandole di alzarsi, piangendo e soffocando nelle lacrime, ha già chiuso gli occhi.

PARTE PRIMA

Ma te ne accorgi quando lui non c'è più. Ti accorgi di un'enormità di posti dove lui non c'è più, e senti anche un sacco di cose che lui non dice più. Io le sento. Le sento continuamente.

NATHAN FILER, *Chiedi alla luna*

Capitolo I

MATTIA

Alla tivù danno un documentario sulle farfalle. Mio padre alza il volume per attirare la mia attenzione. Ma io non sollevo neppure la testa mentre mi allaccio le scarpe, sono già in ritardo per il turno pomeridiano. "Quando esce dalla crisalide, ha le ali accartocciate come un paracadute, e in meno di un'ora le distende poco per volta e le lascia asciugare" dice la voce femminile.

«Per cena torni?» Mio padre se ne sta seduto sul divano di finta pelle leggendo la gazzetta. Mi guardo intorno, nella cucina regna il caos, con le pentole ammucchiate nel lavello e il tavolo ricoperto di piatti sporchi.

«Non mi aspettare, faccio tardi.» Infilo la felpa rossa, quella con le tasche bucate.

"La farfalla si aggira speranzosa nello spazio ristretto in cui è confinata, sbatte le ali dapprima senza convinzione, poi con speranza. È questo il momento, secondo molti, in cui si accende la sua memoria. Registra la presenza dell'osservatore, le sue mani e i suoi occhi quando la lascia andare. E secondo molti esperti se ne ricorderà. La memoria delle farfalle è ancora oggi oggetto di studio."

«*Se ne ricorderà*» sussurro a me stesso, e quasi corro alla porta.

Sono abituato ormai a vedere mio padre a casa a quest'ora, da quando ha perso il lavoro due mesi fa.

Lui dice di non preoccuparmi, che ha i soldi da parte per emergenze del genere e che presto gli restituiranno il taxi. Non gli ho detto che ho letto su internet che se ti ritirano la patente in stato di ebbrezza mentre sei in servizio, le probabilità di riaverla indietro sono poche. Non è impossibile, ma quasi.

«Preparo la carbonara, dài, ti aspetto» dice speranzoso. Sono quasi tentato di assecondarlo. Poi si alza dal divano e viene verso di me. Zoppica ancora. *Ci vorranno settimane, forse mesi, se continua a non seguire la riabilitazione*, ha detto l'ultimo medico da cui siamo andati dopo l'incidente. Tutto in lui mi ricorda me stesso, così evito gli specchi, per non dover incastrare la mia immagine sulla sua, i capelli scuri in disordine, come se qualcuno ci tuffasse le mani dentro in continuazione, e gli occhi chiari. A volte vorrei avere gli occhi di mia madre. Spesso vorrei riaverla tutta intera, come se fosse uscita a fare la spesa o fosse andata a trovare mia zia Anna a Frosinone.

«Piuttosto cerca di mettere ordine» gli dico guardando un'ultima volta la pila di piatti.

Poi come sempre sbatto la porta e corro in strada. Ci sono momenti in cui vorrei davvero che il teletrasporto esistesse; sono in ritardo di dieci minuti e corro a perdifiato per le strade della Garbatella. Fino a qualche anno fa era un quartiere come tanti, poi ci hanno girato quella fiction per la tivù e ora pullula di turisti che prima di passare alla fontana di Trevi vengono a farsi il servizio fotografico sotto casa mia. Il fiato quasi mi manca, è da tempo che non mi alleno. Supero l'edicola di Francesco, il mio migliore amico e compagno di banco, alto più o meno come due Vigorsol messi in pila. Così in quinta ginnasio quando passavamo nei corridoi tutti ci guardavano, il gigante e il nanetto. Non ho tempo di fermarmi a salutarlo, mi infilo sul 251 e dopo una mezz'ora sono all'allevamento. Ho in mente solo le quattro versioni di latino che devo tradurre per domani, mentre Mario, il proprietario, mi guarda male. Mi sbrigo a infilarmi la tuta verde e senza accampare giustificazioni inutili entro nella serra. La temperatura non è ottimale, me ne accorgo da come mi pizzica la pelle.

Ogni minima variazione può essere fatale. Leo, il ragazzo del turno precedente, non deve essersene accorto. Afferro il telecomando e regolo la temperatura dell'aeratore principale. Ci mette qualche istante, ma avverto subito la sensazione di benessere.

Ora è tutto giusto. Controllo i bozzoli immaturi, mescolo un po' di terreno e poi aspetto l'arrivo della crisalide. Ogni volta che entro qui e aggiusto le capsule Petri, o semplicemente resto a fissare l'allevamento principale, rimango sbalordito da tanta perfezione. L'allestimento centrale è un lungo tavolo di legno massiccio, da cui spuntano le varie gabbie come braccia in un corpo senza fine. Lavoro qui da quattro anni. Fu mia madre a trovarmi il posto. Mario, il proprietario, la corteggiava quando erano ragazzi, ma poi lei si è messa con mio padre e lui ha sposato Sofia. Ricordo che non riuscivo a crederci, quando mi spiegò di cosa si trattava.

«Farfalle?»

«Sì, hai presente quelle con le ali?»

«Vuoi dire che il tuo ammiratore mi pagherà per fissare delle farfalle?»

«Non è il mio ammiratore.»

«Ma mi pagherà o no?» A questo punto del mio ricordo lei ride. Ma non so se sia accaduto davvero. Rideva poco, non ne aveva mai tempo, presa tra la spesa, il bucato, il pranzo e la cena.

«Sì, ma non trascurare la scuola, lo sai che ci tengo.»

«Papà lo sa?»

«Cosa?»

«Che questo tipo era innamorato di te.» Mi tira uno strofinaccio.

Sì, questo è successo davvero. Ricordo l'odore di vaniglia del detersivo per la lavatrice sui vestiti ancora umidi, quando li ritirava la sera. Era di sera che ci vedevamo. Io le raccontavo tutto o quasi, anche di quella volta che mi accesi una sigaretta e per poco non mi strozzai con il fumo.

È in questi momenti che lei mi manca di più. Mia madre se n'è andata sei mesi fa. Un tumore al seno. Non sapeva neppure di cosa stava morendo, finché un giorno non è svenuta mentre era al supermercato. È successo tutto velocemente, come se la malattia avesse fretta. Quando il mio insegnante di matematica si è avvicinato e mi ha chiesto di seguirlo fuori, ho pensato che avesse scoperto che avevo copiato il compito in classe. Stavo già cercando la scusa perfetta, quando mia zia Anna è comparsa nel corridoio, e mi ha stretto come se volesse farmi male. Non ho pianto subito, né nei giorni successivi. La morte non la conoscevo, non mi spaventava, non mi era mai morto neppure un gatto. Non sapevo come affrontarla, non lo so neppure ora.

Mario entra senza far rumore, mi fa cenno di abbassare le luci. Poi mi si avvicina. Potrebbe essere mio padre, potrebbe tranquillamente portarmi a casa con lui, prendersi cura di me. Potremmo parlare della mamma, mi racconterebbe qualche storia di quando si sono conosciuti. Sarebbe triste e bello insieme.

«Tuo padre come se la passa?» Ha i capelli lunghi tirati in un codino troppo stretto sulla nuca.

«Sta tutto il giorno a incasinare la cucina, mentre finge di leggere. Non ha più un lavoro, il suo unico figlio lo odia. Direi bene» mi fermo a respirare, mentre la rabbia mi assale come ogni volta che parlo di lui.

«Devi dargli tempo.» Mario sbuffa come se neanche lui ci credesse davvero.

«Quest'anno ho la maturità, poi c'è il lavoro, 'sto cazzo di esame per la patente, visto che mi hanno bocciato già due volte.»

«Questo sabato ce ne andiamo in campagna con il mio furgone, vedrai che nessuno ti boccerà quando avrai imparato il parcheggio alla Super Mario.» Ma sotto la tuta indossa degli scarponi argentati, che gli danno l'aria di un supereroe. Si avvicina e mi scompiglia i capelli. Odio questo gesto. E lui lo sa, ma non importa. Se fosse mio padre rideremmo insieme.

«Il mese prossimo parto con Sofia, ti ricordi che te l'avevo accennato.»

«Penso a tutto io, anche a tenere d'occhio Leo.»

«Mattia?» È già sulla porta. «Ogni tanto divertiti, esci, trovati una ragazza e... Sì, insomma hai capito.»

Non rispondo, lui se ne va.

Grazie, papà.

GIULIA

Strascico i piedi sulla moquette mentre mia madre mi spinge nello studio. Lei resta fuori, nella sala d'attesa. Entro e mi guardo intorno. Alla parete una stampa di un quadro che conosco, le *Ballerine alla sbarra* di Degas e due attestati di laurea. La stanza è essenziale, dai colori tenui. Servirà a favorire il dialogo o una stronzata del genere. Pochi mobili, oltre alla scrivania in mogano noto un pianoforte verticale nell'angolo che dà verso la finestra. Non so perché ma me l'aspettavo. In sottofondo una melodia breve che si ripete. Devo averla già sentita altrove perché mi ritrovo ad anticiparla nella testa. E quasi mi immagino mentre mi siedo al pianoforte e inizio a suonarla. Mi siedo, invece, dal lato giusto della scrivania. Lei entra da una porta così piccola che non l'avevo neppure notata. Sorride. Dio, sembra di essere in un centro benessere e che lei voglia spalmarmi una maschera di fango sul viso. Magari la pelle mi diventerà tirata come la sua. È giovane, però. E alta e magra. In effetti non somiglia all'idea di psicoterapeuta che mi ero fatta. Viene dalla mia parte e allunga la mano. Gliela stringo come ipnotizzata.

«Sono Angela» mi dice. Lentamente si siede dietro la scrivania su una poltrona di pelle blu. Prende un'agenda e ci scrive qualcosa. Per un po' non dice niente. Poi riprende senza sollevare lo sguardo. «Scusami, Giulia, giusto? Mi stavo appuntando di passare in pasticceria alle sei, ho questo brutto vizio di dimenticare le cose.» Sgrana gli occhi, sono verdi come i miei, ma più grandi.

«È bella la sua agenda» mormoro quasi a bocca chiusa. Me la passa. Sembra fatta di legno, con una cordicella così sottile che ho paura di spezzarla. La accarezzo lentamente.

«L'ho comprata a Londra, in un mercatino a Portobello, ci sei mai stata?»

Scuoto la testa con forza.

«Non mi piace viaggiare» sentenzio.

«Oh, a chi non piace viaggiare?» Sembra sorpresa.

«A me, l'ho appena detto.»

«Hai paura degli aerei?»

«Non vado neppure da mia nonna, che abita a Pescara.»

«Non vai d'accordo con tua nonna?» mi chiede curiosa.

«Non mi piace allontanarmi da casa mia.» Le dico la verità.

«Tua madre dice che ultimamente non parli molto, a me sembra il contrario.» Si aggiusta una ciocca di capelli color cenere che le ricadono in morbidi boccoli sulle spalle. Sembra appena uscita dal salone di un parrucchiere.

È così giovane che non le ho ancora trovato le rughe.

«Quanti anni ha?» le chiedo senza pensarci.

«Trentotto.» Continua a sorridere.

«Mi piace.»

«Cosa?»

«Che me l'abbia detto, sa, quelle della sua età fanno tanti giri di parole per nascondere il fatto che sono vecchie, e che non vogliono esserlo, soprattutto se c'è una ragazza di sedici anni nella stessa stanza.» Lo dico d'un fiato. Se mia madre fosse qui, mi direbbe di pensare prima di parlare. *Giulia, non devi sempre dire tutto quello che ti passa per la testa, non sta bene, capito?*

«Sì, decisamente il tuo problema non sono le chiacchiere.» Ora è divertita.

«Se sono da uno strizzacervelli un problema ci sarà.»

«Che brutta definizione, strizzacervelli, non trovi?»

«Lei lo sa perché sono qui.» Distolgo lo sguardo, non mi va di parlarne. Sono quasi tentata di alzarmi, di dire a mia mamma che sì, sto male, ho perso la mia amica, ma parlare con una sconosciuta, che allinea le parole l'una dopo l'altra scandendo le sillabe e sottolineando tutte le pause, non mi aiuterà a dimenticare.

«E tu lo sai?» Mi fissa. Solo quando la guardo davvero negli occhi mi accorgo che non è imbarazzata. Sostiene il mio sguardo, quasi mi sfida.

«In effetti no, voglio dire, mia madre continua a dirmi che devo parlare con qualcuno di quello che è successo. Ma se io non ne avessi voglia? Cambierà qualcosa se ne parlo?»

«No, non cambierà nulla.» Lo dice con leggerezza, come se per me non fosse questione di vita o di morte.

«Vede? Glielo dica lei.»

«Perché sei venuta, allora?»

«Per lei.» Faccio un gesto con la mano, indicandola.

«Chiamami Angela. Sei venuta per me, mi lusinga. Sono famosa?»

«Ho letto su internet che sei tipo un genio, nel tuo lavoro intendo.»

«Fico» sembra sorpresa.

«Sì, l'ho pensato anch'io, la mia strizzacervelli è famosa.»

«E tu che tipo sei?»

«Normale.» E lo dico sinceramente, nessuno userebbe per me altre parole. Ma se mi avesse chiesto di lei, di Alice, le avrei risposto che era tanto bella da poter lavorare al cinema. La perfetta protagonista di uno di quei film d'amore in cui il bello e dannato si innamora della ragazza più popolare della scuola. E non passava inosservata. Che al suo fianco anch'io mi sentivo un po' importante. Tra tutte le persone che le ronzavano intorno, lei sceglieva me ogni volta.

«Non mi sembra così male, essere normali.» Si guarda intorno, come se temesse che qualcuno potesse sentirla. «Ogni giorno ascolto i miei pazienti, alcuni hanno delle fissazioni, altri credono di vedere cose inesistenti, e alla fine tutti vorrebbero essere normali. La normalità oggi è la nuova felicità, sei già a buon punto.» La ascolto.

«Suoni il piano?» le chiedo, ma lei mi guarda confusa. «Lì c'è un pianoforte e ho pensato che… sì, insomma, è tuo, no?» Fissiamo entrambe il pianoforte nell'angolo più buio della stanza. C'è solo una finestra, e le tende rosa lasciano filtrare ben poca luce.

«Ovviamente, è nel mio studio.» Si alza. Indossa dei jeans aderenti e una camicia larga beige. Si avvicina al pianoforte e si siede. Io chiudo gli occhi. Ma non sento niente.

«Sarebbe bello se sapessi suonarlo, ma la verità è che stava bene con l'arredamento, e mi piaceva.»

«Cazzo» mi scappa, e mi porto le mani alla bocca.

«Qui possiamo dire tutto» mi sorride complice. Torna a sedersi.

«Posso farti una domanda?» le dico senza rifletterci su.

«Ovviamente.»

«Mettiamo che io decida di tornare anche la settimana prossima. Posso parlarti di ciò che voglio, o solo di quella cosa… sì, insomma, di quello che è successo sei mesi fa?»

«Non ho mai firmato un contratto in vita mia» dice seria. Strappa un foglio dalla sua agenda meravigliosa e quasi vorrei chiederle di non farlo mai più. Ci scrive un numero sopra, e me lo porge. «Questo è il mio cellulare, se ti va di dirmi qualcosa, anche solo che hai preso un bel voto, o che non vuoi rivedermi mai più, puoi chiamarmi. Sempre.» Prendo il foglio.

«Grazie, ma non credo tornerò, non ne ho bisogno» riesco a dire. Chissà se lo fa con tutti, se serve a guadagnarsi la mia fiducia; quando lei allunga di nuovo la mano, ci alziamo.

«Arrivederci.»

«Giulia.»

«Sì?»

«So perché sei qui, c'è scritto nella tua scheda, quella che compilo per ogni paziente, ma vorrei che fossi tu a dirmelo. E prima o poi me lo dirai.»

«E se non volessi?»

«Lo vorrai. A martedì.»

Mia madre mi aspetta seduta, ha l'aria stanca. Non parliamo per tutto il viaggio in auto. Mi chiede solo com'è andata, rispondo a monosillabi. Lei fissa la strada, sbuffa e alza il volume dell'autoradio, quasi canticchia. È bella, con i capelli castani lunghi, troppo spesso raccolti in una coda castigata, e gli occhi verdi come i miei.

Scrive per una piccola rivista locale, una di quelle che devi conoscere per andare a scovarle in edicola. Cura una rubrica che si chiama *In cinque minuti*, in cui dà consigli a casalinghe disperate su come scegliere l'abbigliamento adatto, utilizzando solo quello che hanno in casa. Così i suoi outfit sono sempre azzeccati, come oggi.

Indossa una giacca leggera di cotone azzurro, con il colletto rialzato, su un paio di jeans stretti a vita alta. Sembra mia sorella maggiore. Ma se ne avessi una, di sorella, vorrei che fosse più simile a me che a lei, vorrei che mi prestasse i suoi libri stropicciati, letti di notte perché non riesce a smettere. Invece mi ritrovo per casa solo le ultime copie di *Vanity Fair*. Neppure Alice mi somigliava. Forse per questo non ho mai pensato a lei come a una sorella.

A casa mi chiudo in camera, brontolando che non ho fame. Sento mia madre lamentarsi con mio padre per il mio comportamento. Lui prova a difendermi, ma lei lo incalza, *Non migliora*, la sento dire mentre lui si arrende come sempre, e *Sì*, le dice, *sì, hai ragione*. Funziona così, lei ordina e lui esegue. Accendo il pc e carico la solita playlist. *Divenire* di Einaudi mi riscalda, tanto che mi butto sul letto senza coprirmi con la coperta estiva. Afferro il cordless e come ogni giorno faccio il suo numero, non è stato ancora disattivato. La voce di Alice squilla forte nel messaggio in segreteria. Ci sono giorni in cui mi alzo, senza ricordare subito che lei non c'è più. Mi lavo, faccio colazione, e poi corro a chiamarla, a dirle di aspettarmi alla metro, che farò tardi, di non ingozzarsi di cioccolata, o almeno di lasciarmene un po'. La verità mi afferra allo stomaco prima che alla testa. Ci mette un niente a schiaffeggiarmi, lasciandomi con il telefono premuto sull'orecchio.

Mi alzo e salgo a piedi nudi sul letto a due piazze, stacco una delle puntine dal pannello di sughero appeso alla parete pieno di fotografie. Le abbiamo scelte insieme, siamo quasi sempre solo io e lei. Mille versioni di noi, io e Alice a Sabaudia, io e Alice a Villa d'Este, io e Alice alla festa di Marcella, io e Alice a Gardaland. Ne stacco una a caso, forse la più bella, quella dove ci sono solo le nostre mani, e non si capisce dove finisca una e cominci l'altra. E la porto con me sul letto. Quando spalanco le porte del terrazzo sono quasi stordita. È una di quelle serate piacevoli che avremmo passato sedute qui fuori, io sulla sedia e lei sul davanzale, a bere Schweppes e ad abbuffarci di patatine. Così, quando la vedo camminare verso di me non sono sorpresa. È ancora bella, lo sarà per sempre, ha trovato il modo di beffare la vita con la morte. Mi immagino come sarà tra vent'anni, io vecchia con le rughe e lei sempre in forma. Sarebbe stato così anche in un mondo in cui lei non fosse morta. Avanza verso di me, e io d'istinto mi sposto per farle spazio. Era sempre così, cercavo di farmi piccola, di occupare meno spazio per lasciarne di più a lei. Era così anche con i ragazzi, quelli carini non li guardavo neppure, tanto poi avrebbero preferito lei.

Spaventata, prendo il foglietto dalla tasca dei jeans e scrivo un sms ad Angela: *È normale che la veda qui, ora, con me? IN CAMERA MIA?* La sua risposta non tarda ad arrivare, e un po' mi calma, un po' mi fa sorridere.

Non hai bisogno di immaginarla, se chiudi gli occhi è lì con te. Ce l'hai nella mente. È solo una proiezione. E per la cronaca in questo momento sto sgridando il mio gatto, morto quando avevo sette anni. Ma non dirlo a nessuno, e soprattutto non scriverlo su internet.

Capitolo II

MATTIA

Che uno come me faccia il liceo classico fa un po' ridere. Come fa ridere il fatto che abbia ottimi voti in greco e latino. Frequento il Socrate, nel mio quartiere, a pochi passi da casa mia. Per venirci a volte uso la bici. Anche se è ottobre, stamattina il freddo vero non è ancora arrivato, così mi alzo presto e sono in strada prima del previsto. Non sono uno di quelli che di mattina ascoltano musica a palla o che per strada infilano le cuffiette e si isolano dal mondo. Mi piace essere presente. Ascoltare le storie degli altri. È tutta colpa delle farfalle, del loro svolazzare, dei loro colori sgargianti e vivi se sono così. Ed è decisamente colpa di Mario, del suo allevamento, se sono diventato un pappamolle.

Mia madre se ne era accorta e quando la sera rientravo dal mio turno, lei restava sveglia per sentire le storie sulle farfalle. C'è stata quella volta in cui io e Mario liberammo diversi esemplari di macaoni a una festa di un riccone dei

Parioli. E anche se era buio, anche se era inverno, l'aria si riempì di qualcosa di miracoloso, qualcosa che nessuno poteva afferrare. Tutti se ne stavano con il naso all'insù a osservare le farfalle che riempivano il cielo sopra Roma. Quando la malattia di mia mamma divenne insostenibile, io mi rifugiavo all'allevamento. Alla fine era rimasto questo tra me e lei, le farfalle, come un ponte gettato tra di noi quando la morfina usciva da casa nostra e ci lasciava padroni e lucidi.

Se ne sono accorti Romina e Massimo, i miei amici della Garbatella. E lo sa Francesco, l'unico che ho lasciato entrare in casa anche dopo la morte di mia mamma.

Quando lei se n'è andata avevo il terrore che venissero a cercarmi. Se qualcuno citofonava andavo nel pallone, come se avessi lasciato i vestiti sporchi sul pavimento. Solo Francesco poteva salire, salutava distrattamente mio padre affondato nel divano e poi correva in camera mia. Di solito non dicevamo molto, mi passava una sigaretta, io la rifiutavo e lui si metteva a fumare. Francesco non ama fumare, ma dice che il fumo lo allunga. *Quando fumo la gente comincia a fissarmi dall'alto, dagli sbuffi che caccio in aria e quasi non si accorge che sono sottosviluppato.* Ha la passione per i fumetti, gliel'ha trasmessa suo padre. Conservano le primissime edizioni delle storie dei vari supereroi in una teca monumento in salotto a cui nessuno ha accesso, neppure la madre di Francesco. Il suo preferito è James Howlett, Wolverine per intenderci.

Quando arrivo ai cancelli del liceo, lui è lì ad aspettarmi come sempre. Sta fumando.

«Marlboro?» gli chiedo mentre dei ragazzini di prima mi passano davanti.

«Diana. Queste sono sigarette, guarda qua che fumo» e si esibisce come sempre con la sigaretta in mano. Tossisco, me ne porge una. La rifiuto.

«Stasera andiamo al Gilda.» La sua non è una domanda.

«Ho il turno di pomeriggio, e sempre 'sto Gilda, nun se regge.» Martina, occhi grandi, curve al posto giusto, mi sorride ammiccante. Si è da poco trasferita nel nostro liceo ed è finita nella nostra classe.

«Passo a prendervi alle dieci, di' a Romina di non fare tardi. E a Massimo di non vestirsi da fricchettone.» Ci avviamo nei corridoi. Con Francesco non c'è possibilità di discutere, soprattutto quando si tratta del suo locale preferito. Siamo fuori dall'aula, al muro sono appesi i turni per le prove della recita di Natale. Inizieranno il mese prossimo, io e Francesco fingeremo come sempre di suonare il flauto e ce la fileremo prima della fine dello spettacolo.

Quest'anno non ho neppure qualcuno da invitare.

«Perché oggi non mi fai compagnia alla serra? Mario è fuori con la moglie.» Ci sediamo in terza fila. L'aula è ancora mezza vuota, sebbene siano le otto e mezzo passate. Alla prima ora c'è religione. Francesco smette di trafficare con lo zaino Invicta di suo padre e mi guarda truce.

«Oggi? Sei impazzito? Te l'ho detto. Oggi c'è l'ultima puntata di *Glee*, il ballo di fine anno.» Soppesa la mia espressione sbalordita. «Secondo te perché da noi non esiste un ballo così?» Lo fisso e rido come non facevo da tempo.

«*Glee?*»

«La serie, hai presente?»

«Come no, è la tua ossessione.» Francesco ha la fissa

per le americanate, i telefilm con i vampiri, e i musical per liceali.

«Allora, er Gilda?» tenta di convincermi ma sto ancora ridendo.

«Mi stai a pija per il culo?»

«*Glee*, davvero?» La porta si apre, molti dei nostri compagni prendono posto. Martina mi sorride di nuovo, dietro di lei Stefania la secchiona mi fa la linguaccia. Abbasso la voce improvvisamente e gli mimo con le labbra *GLEE*, mentre don Pietro attacca con un passo della Bibbia.

Puntuale come sempre, Francesco arriva con la Panda bianca di suo padre. Romina si siede dietro al mio fianco, Massimo deve stare sempre davanti e indicare le strade anche quando non ce n'è assolutamente bisogno. Come stasera.

Ho incontrato Francesco il primo giorno di liceo. Sembravamo i più impacciati della classe. Ci siamo riconosciuti. Lui è uno molto espansivo, io me ne sto zitto e lo ascolto, il più delle volte. Quando gli ho presentato Romina e Massimo, Francesco ha allargato il sorriso e mi ha fissato come a dire che approvava. Massimo è diventato il custode del nanetto, e nel quartiere è bastato che ci vedessero con il centurione della Garbatella per lasciarci in pace.

Romina si ritocca il rossetto guardandosi nello specchietto retrovisore e attacca subito a punzecchiare Francesco sulla guida.

«Dai gas, stai a brucià la frizione.» Lui non risponde, ha preso la patente da pochi mesi.

«Scala de marcia» incalza Romina. Io e Massimo ridiamo. Succede sempre così, Francesco prima non le risponde e poi iniziano a beccarsi come due vecchie comari. Ma Romina la sa lunga in fatto di auto. Suo padre gestisce un'officina proprio nel nostro quartiere. È così che ho conosciuto lei e Massimo, tutti sporchi di grasso. Abitano nel mio stesso cortile, due palazzi più avanti. Massimo ha diciannove anni, fisico da giocatore di football. Romina ha la mia stessa età, ma ha perso un anno quando eravamo alle medie. Lei e Massimo hanno lasciato la scuola professionale e ne frequentano una serale, per lavorare a tempo pieno nell'officina.

«Vuoi guidare tu?» inizia a sfidarla Francesco.

«Anvedi 'sto rincoglionito.» Romina abbassa il finestrino e urla all'indirizzo di un anziano che inchioda all'incrocio. Francesco la guarda male dallo specchietto retrovisore. Odia quando Romina fa sfoggio della sua eleganza.

«Facciamo provare al campione di bocciature di scuola guida.»

Romina si volta e mi indica. Ormai sono lo zimbello del gruppo. Massimo riattacca con la storia che non ha mai conosciuto nessuno bocciato due volte alla pratica. «Davvero, in tutta la capitale non s'era mai visto.» Appoggio una mano sulla coscia di Romina per dirle di smettere. Indossa una minigonna di pelle nera, e ha le gambe lunghe nude. Vederla vestita così un po' mi fa sorridere, lei che passa tutto il giorno con indosso una tuta sporca di grasso.

«Quando ce l'hai l'esame?» mi chiede Massimo senza smettere di ridere.

«Dopo Natale.» Parcheggiamo poco lontano dal locale. Sono quasi le undici, il Gilda sarà ancora vuoto. Facciamo la fila per un po', poi Francesco intercetta un amico all'ingresso, e tra le proteste generali siamo dentro prima del previsto. Le luci sono ancora accese. Francesco si dirige al bancone. Io e Romina ci lanciamo uno sguardo d'intesa. Veniamo qui ormai ogni venerdì, e Francesco se ne sta seduto tutto il tempo al bar, a volte senza neppure bere. Il barista è Claudio, frequenta il nostro stesso liceo, in un'altra sezione. E Francesco ha preso una cotta stratosferica per lui. Ma non ne parliamo mai, di tutto questo intendo, di questi sentimenti che qualcuno reputerebbe sbagliati. Ci sono un sacco di cose di cui la gente non vuole parlare, come della morte, dell'amare qualcuno che non puoi tenere per mano. Della paura che il tuo migliore amico non ti capisca. Lo osservo da lontano, Claudio gli urla qualcosa all'orecchio, la musica inizia a coprire le voci. Li vedo bisbigliare, Francesco è seduto su uno sgabello, non tocca con i piedi per terra, ma non pare impacciato. Sorride. Claudio gli versa un drink, deve essere analcolico. Stasera Francesco non può ubriacarsi perché deve riportarci a casa. È questo il lato positivo di non avere ancora la patente, potermi sbronzare. Ma non lo faccio. Ricordo l'unica volta in cui ho bevuto così tanto da perdere i sensi. Eravamo qui, io e Francesco, mia madre era morta da due settimane e volevo solo dimenticare tutto. Vedevo mio padre che trovava sollievo nella bottiglia, e così ci ho provato. Ho vomitato anche l'anima, prima qui in bagno, poi nell'auto di Francesco e a casa. Mentre vomitavo pensavo a quanto mia madre avrebbe urlato vedendo la casa in quelle condizioni. Così il giorno dopo il senso di colpa si è svegliato prima del mio mal di testa e ho ripulito tutto.

Io e Romina ci sediamo su un divano rosso. Il locale comincia a riempirsi. Mi offre il suo drink, rifiuto con la mano. Non mi piace parlare sopra la musica. Mi fa cenno che va a fumare. Massimo è a centro pista, avvinghiato a una bionda. I jeans stretti, strappati sulle ginocchia, e la camicia azzurra infilata nei pantaloni. Le immancabili Converse bianche ai piedi. Mentre mi alzo per uscire lo vedo gesticolare, riesco a sentire le sue imprecazioni.

«Cazzo fai, sei sciroccata?» Mi avvicino. Scanso qualcuno, spingo e mi ritrovo di fianco a Massimo. Una ragazza minuta gli ha appena vomitato sulle Converse. *Ahia.* Massimo la guarda infuriato. Lei è semiaccasciata e non gli risponde. Poi alza la testa.

«Sono solo delle scarpe» riesce a dire, e si ripiega in avanti, premendosi lo stomaco con le mani. Ma Massimo continua a fissarsi le scarpe macchiate. Lo tengo per le spalle.

La musica è assordante, ma quelli intorno hanno smesso di ballare. Ci fissano. La ragazzina sta per cadere, quando la afferro e la trascino fuori. Lei tenta di liberarsi, mentre le stringo il braccio e la spingo tra la folla. Massimo continua a urlarle dietro. Fuori respiro l'aria fredda, ho lasciato il giubbino dentro. La faccio sedere sulle scale, intorno non c'è nessuno.

«Stai meglio?» Non mi guarda. Indossa una minigonna blu elettrico e delle calze a rete fucsia.

«Mai stata meglio.» Solleva lo sguardo. Il suo viso è

macchiato di nero, il mascara le è colato e ha formato delle righe quasi perfette fino alla bocca. I suoi occhi verdi mi fissano senza mettermi a fuoco. È piccola, magra all'inverosimile, pare spezzarsi mentre si ripiega e con la mano ferma un nuovo conato.

«Sei da sola?» Le tremano le mani.

«Ero con degli amici, li ho persi nella folla.» Torna a scrutarmi, quasi sorride. Cazzo, mi piace.

«Massimo è davvero incazzato» penso ad alta voce.

«Erano forse d'oro le sue scarpe?» Ora la sua espressione è rabbiosa. Ha le guance arrossate.

«Gli hai vomitato addosso.»

«Sulle scarpe.»

«Fa lo stesso.» Ci guardiamo. Tenta di alzarsi, ma ricade sbattendo il sedere sul marmo. Non dice niente per un po'.

«Come sei entrata?» Con un cenno indico il locale.

«Credi che sia così piccola?» Si aggiusta la gonna mentre si alza. Ha delle gambe dritte e belle. «Che fai, mi fissi? Non sono più una ragazzina ora?» Distolgo lo sguardo, imbarazzato. Scende i tre scalini che ci separano: «Ho sedici anni, non si vede?». Poi mi supera e si avvia in strada. La rincorro.

«Ehi, stai bene?»

«Ti preoccupi per me?» Si volta. La osservo con cura da vicino. Gli occhi sono grandi e intorno alle guance ha mille efelidi.

«Sono preoccupato per le scarpe degli sfortunati che ti incontrano.» Lei mi fissa le Superga nere, poi allunga la mano e mi aggiusta i capelli. Sobbalzo.

«Dovresti tagliarli, ti fanno dannato, è passato di moda

quel genere» sorride. Quando lo fa, la faccia minuscola prende forma, si illumina anche in mezzo a tutto quel trucco sbavato.

Romina ci viene incontro baldanzosa sui tacchi a spillo. Guarda me e poi la ragazza.

Non le ho chiesto neppure il nome.

«Dove sta Massimo?» La sta fissando: quando il suo radar di femmina ne intercetta un'altra diventa insopportabile.

«È ancora dentro, l'ultima volta che l'ho visto urlava sulla pista da ballo.»

Romina mi guarda incuriosita ma non chiede spiegazioni. Continua a fissare la sconosciuta.

«Questa chi è?» sbotta alla fine.

«Chiedo scusa, dici a me?» si intromette la sconosciuta.

«Come cazzo parla» sospira lei.

«Romina, per favore.»

«Io torno a casa.» La ragazza ci sorpassa, e con la mano fa cenno a un taxi. Inciampa nei tacconi. Sospetto che non li porti spesso. La rincorro di nuovo.

«Ehi.»

«Ehi.» Il taxi si ferma.

«Io sono Mattia» dico allungando la mano.

«Piacere, Mattia, il salvatore delle vomitatrici impazzite.» La stringe quasi carezzandola.

«Sicura che stai bene?»

«Abito qui vicino, non preoccuparti, e di' al tuo amico che le Converse bianche macchiate sono più alla moda.»

«Sarà meglio evitare» dico mentre lei si infila nel taxi. Abbassa il finestrino.

«Il tuo nome» ho appena il tempo di dire.
«Alice» dice triste. E poi sparisce.

GIULIA

Cazzo cazzo cazzo cazzo cazzo. Indico al tassista la strada e ci allontaniamo. La testa mi scoppia, ma il bruciore allo stomaco è passato. Se mia madre si accorgesse che sono uscita nel cuore della notte sveglierebbe mio padre, che in pigiama correrebbe a cercarmi per tutta Roma. Non chiamerebbero la polizia, sarebbe poco dignitoso. Mio padre lavora in banca, per la precisione è il direttore della filiale di Trastevere di Unicredit e queste sono cose che si vengono a sapere. Arriviamo a viale Parioli.

«Al cancello verde, grazie.»

Il tassista fissa prima me, la mia minigonna, le calze fucsia quasi fluo e poi la villetta a due piani. Ferma il taxi.

«Qui va bene?» È calvo, me ne accorgo quando accosta e accende la luce nell'abitacolo.

«Perfetto.» Gli allungo venti euro e scendo. Piove, così appena entrata mi tolgo le scarpe di mia madre e corro facendo attenzione a non fare rumore. Non accendo le luci neppure in camera. Solo l'abat-jour azzurro. Mi sfilo i vestiti e li getto nell'armadio. Li avevamo comprati per lo scorso Carnevale, volevamo vestirci da battone. Ma la gonna era di Alice, io alla fine avevo messo i pantaloni neri, perché senza mi sentivo nuda. *Dio, sono andata al Gilda conciata così.* È successo per caso, o forse volevo che succedesse per sentirmi viva. Maura è passata a salutarmi. Abita nel mio palazzo, è due anni più grande di me ma non le ho mai dato veramente retta. Voleva che andassi a casa sua. *Vieni, ci divertiamo*, mi ha detto. Prima a stento ci rivolgevamo la parola. Odiava Alice, la sua sicurezza, la sua sfacciataggine.

Quando qualcuno che ha un posto così importante nella tua vita muore, è un po' come se mettessi a fuoco il mondo, che prima era sfocato, tutto lo spazio occupato solo da una persona. Il resto era un contorno. E quando diventi la superstite di una tragedia, la gente ti nota, ti vuole con sé, vuole essere parte di un dolore che neppure prova.

Corro nel bagno in camera. L'immagine che lo specchio mi restituisce non è reale, non può esserlo. Sciacquo il viso strofinando bene, ma il mascara non viene via. Strofino, una, due volte, così forte che divento paonazza. Ripenso all'energumeno su cui ho vomitato e al suo amico, a come i suoi occhi tristi mi scrutavano. *Sei da sola?* E poi mi ha seguita, come se tutto il mascara e il rossetto sbavato non fossero sufficienti a tenerlo alla larga. Per non parlare del vomito. Mi infilo sotto le lenzuola.

La sua mano, *Piacere, Mattia*. Cazzo, gli ho detto davvero che mi chiamo Alice. E gli ho toccato i capelli. E non faccio in tempo ad asciugarmi gli occhi, che già si chiudono.

Siamo a Sabaudia ora, corriamo sulla spiaggia. Alice mi precede senza mai voltarsi. È inverno, indossiamo degli sciarponi, lei ha persino i guanti che le ho regalato lo scorso Natale. Ma il mare è calmo. Si avvicina all'acqua.

«Vieni» mi grida, ma non mi aspetta. Io arranco nella sabbia, quasi cado. Veniamo spesso qui, i suoi hanno una casa in centro e di solito d'estate ci lasciano l'intero weekend. Non abbiamo mai combinato guai. Mi avvicino, ma non riesco a raggiungerla. Lei si immerge nell'acqua, ride, la sento persino da qui. Affondo i piedi nella sabbia mentre la marea risale e Alice scompare. Non ho il tempo di gridare che siamo a scuola, ma più che un sogno è un ricordo. Camminiamo l'una di fianco all'altra. Lei ha ancora lo sguardo abbassato. È successo davvero tutto questo, davvero me lo ricordo. Così glielo dico.

«È già successo.» Non risponde. «Voglio dire, tu stai per confidarmi che con Lorenzo hai chiuso, e io per rinfacciarti che ti avevo avvisata. Ehi, mi senti, Alice?» Ma lei non si volta, non le vedo il viso. Ma la sento piangere.

Poi riprende a correre, schiva gli altri nel corridoio affollato e quando la ritrovo è tra le braccia di un ragazzo. Quel ragazzo. Mattia.

«Alice» le dice. Lui l'abbraccia, ma fissa me. È sorpreso.

Finalmente si volta, e la guardo. Sta piangendo, la maglia verde leggera macchiata di sangue. Sta morendo ancora. E prima di cadere mi urla qualcosa. Tutti si fermano a guardarci.

«Bugiarda.» E poi cade.

Quando mi sveglio mia madre sta bussando alla porta.

«Sto dormendo» le urlo.

«Niente scuola?» Sta per iniziare la predica.

«Ho un brutto raffreddore.» Starnutisco, un trucco

che mi ha insegnato Alice. *Pensa a qualcosa di disgustoso, avvicina un profumo al naso, o se non ce l'hai butta dentro tutta l'aria e poi la cacci fuori così.*

«*Ecciuuuu.*»

«Ok, ti preparo un tè.»

«Grazie.»

Mi alzo, cerco un'aspirina, la butto giù e afferro il cellulare.

Un'ossessione è un pensiero fisso che ti scava dentro, deforma i ricordi, mette in moto gesti straordinari e spaventosi.

Sono stata due volte da Angela, dopo il nostro primo incontro. L'ultima volta non ho permesso a mia madre di accompagnarmi e ci sono andata in metro.

Mi vesto di fretta, e quando lei mi risponde ho già afferrato il giubbino. Esco di nascosto. Ha smesso di piovere, la metro è poco affollata, è sabato mattina e sono solo le nove, la città dorme ancora. Arrivata allo studio, mi accoglie una ragazza che avrà qualche anno più di me. È bionda, non naturale, e ha la faccia tonda. Quando si muove i capelli dorati sembrano avere vita propria. Mi piacciono, magari dovrei schiarirli anche io. Mi sorride soddisfatta e si presenta, si chiama Andrea. Non l'avevo mai vista prima, mi sento un po' ferita, come se Angela non mi avesse preparata a dovere. Aspetto nella sala d'attesa. A differenza della stanza principale, questa è tinteggiata di verde con alcuni quadri di paesaggi alle pareti. Un tavolino basso trabocca di riviste di psicologia. Ne sfoglio una. Dentro deve esserci un altro paziente. Passa qualche minuto prima che Angela compaia sulla porta. Mi sorride. La seguo. Nei nostri incontri precedenti abbiamo parlato di cazzate, la scuola, la mia passione per Emily Brontë e Jane Austen. Lei adora i romanzi russi e la letteratura italiana del Novecento. Ha promesso di farmi leggere qualcuno dei suoi autori preferiti.

Mi accomodo come sempre sulla poltrona e lei fa lo stesso dietro la scrivania. Ha l'aria stanca.

«Scusa, stanotte non ho dormito.» Neppure io, penso, ma non lo dico.

«Grazie» le dico invece.

«Di cosa?» Porta degli occhiali dalla montatura sottile e trasparente. Non li aveva mai messi prima.

«Per avermi ricevuta così, all'improvviso.»

«Il mio numero serviva a questo.» Mi strizza l'occhio. Solo ora mi accorgo della musica in sottofondo. C'è una cassa attaccata al Mac sulla scrivania. È un suono lieve, quasi un sussurro, come se qualcuno bisbigliasse mentre noi parliamo. Non mi dà fastidio. «È Yann Tiersen, *La Longue Route*» mi spiega con voce triste. La canzone si interrompe per poi riprendere. Sempre la stessa. Angela fissa il pianoforte, poi torna a guardarmi.

«Sono scappata di casa, cioè sono uscita, stanotte. Mia madre non lo sa, non deve saperlo.» Senza accorgermene abbasso la voce.

«Ti sei divertita?»

«Non sei sorpresa.»

«Hai sedici anni.»

«Tu le facevi? Le cazzate, intendo.»

«Non ero una sedicenne tranquilla. Con mio fratello, be', sì, abbiamo fatto penare i nostri genitori. Ma è passato tanto tempo.» Diventa malinconica, è solo un attimo. «Dove sei andata?» mi chiede curiosa.

«Al Gilda.»

«Davvero, Giulia, il Gilda?» Pare delusa.

«Ci vai anche tu?»

«Qualche volta. A mio marito piace, a me non fa impazzire.» Oh, è sposata. Appunto mentale, chiederle perché non porta la fede.

«A lei piaceva. Ero a casa, da sola, e poi mi sono truccata e vestita come una prostituta. E quando ho iniziato a bere, una birra dopo l'altra, mi sentivo leggera.»

«Ti sei ubriacata?» È divertita.

«Non ho molti metri di paragone. Non mi ero mai ubriacata prima. Ma ho vomitato, tanto.»

«Eri da sola?»

«C'era questo ragazzo, e poi ho vomitato sulle scarpe, e mi ha portata fuori. E continuava a guardarmi in quel modo.» Riprendo fiato.

«Hai vomitato sulle scarpe del ragazzo che ti piace?»

«Non le sue, quelle dell'amico. Mattia mi ha portata fuori, ed è rimasto lì con me.»

«Che tipo è?»

«Carino da morire. Ha tutti questi capelli, gli occhi grandi e tu pensi *Dio, è così bello, sarà un cretino*. E invece.»

«Quindi si chiama Mattia? Mi sembra fantastico, lo rivedrai?» È tutta contenta. Io invece non riesco a esserlo.

«Non credo.»

«Gli hai dato il tuo numero?»

«No.»

«Ti sei almeno presentata?»

«Sì e no. Cioè, no.»

«In che senso?»

«Ho fatto una cazzata.» Mi fermo, riprendo fiato.

«Ricorda che puoi dirmi tutto.»

«Gli ho detto che mi chiamo...» prendo un respiro «Alice. Mi chiamo Alice, così gli ho detto.»

«Perché l'hai fatto?» Sembra preoccupata.

«Volevo essere lei, lì con lui. La ragazza che lui avrebbe voluto. Volevo essere simpatica, spigliata come era lei.» Le dico la verità. Se Mattia ci avesse conosciute lì al Gilda, avrebbe scelto Alice. L'avrebbe seguita, e l'ha fatto con me perché ero sola.

«Come ti senti rispetto a questa cosa?»

«In colpa.»

«Verso chi?»

«Mattia. Cioè non lo conosco, lo so, ma non meritava che gli mentissi.»

«Questa è una cosa positiva. Le tue percezioni stanno cambiando. I tuoi sentimenti stanno cambiando. Se tu ti fossi sentita in colpa verso Alice, sarebbe stato» fa un gesto con la mano in aria «deludente. Ma ora i tuoi pensieri non sono più rivolti alla morte, almeno non soltanto.»

«Ma lei mi manca.»

«Ti mancherà sempre.» È sinceramente addolorata per me. Yann Tiersen non smette di suonare le solite note. Sembra l'accompagnamento ideale per tutto questo. Ci guardiamo ed è come se non avessimo fatto altro nella vita.

«Non passerà mai questo stato di tempesta, di caos, questa infelicità che sento al petto?» E me lo tocco, il petto.

«No, non passa mai. Ti abituerai.» E poggia una mano sulla mia.

Una paura si annida dentro di te come un gatto ai piedi del focolare, ti sussurra parole indecifrabili mentre esci dallo studio della tua psicoterapeuta e cerchi la strada di casa. Ti chiede di riflettere, di non accantonarla in un angolo, di darle voce. Ti scongiura di seguirla. Una paura che somiglia a un'ossessione sa essere più forte della realtà.

Chiudo gli occhi come sempre, aspettando che passi.

Capitolo III

MATTIA

È lunedì, piove, e di Francesco neppure l'ombra. Lo aspetto ai cancelli prima di entrare. Sono le 8.25, è in ritardo ma continuo a guardare in strada. Non avrà sentito la sveglia, controllo il cellulare ma non ci sono messaggi. Quando la campanella suona, do un'ultima occhiata e poi mi avvio in classe. La giornata scorre tra la versione di latino e gli integrali di matematica. Solo il professore di biologia riesce ad attirare la mia attenzione, con la lezione sull'eredità poligenica. Appena suona la campanella dell'ultima ora, afferro lo zaino e mi precipito fuori dalla classe. Martina, la nuova arrivata, mi ferma. Le sorrido ma ho una fretta maledetta.

«Mattia, dove scappi?» Pronuncia il mio nome delicatamente.

«Scusa, ho da fare.» Non voglio sembrarle sgarbato.

«Volevo solo sapere se verrai alla mia festa sabato.»

«Che festa?» Lei sbarra gli occhi, quasi si offende.

«Sabato è il mio compleanno, i miei non ci sono, ti ho mandato l'invito venerdì.»

«Scusami, certo che vengo.»

«Ovviamente puoi portare la tua ragazza.» Mi sorride, in attesa.

«Non ho una ragazza.» Il sorriso le arriva agli occhi. «Ma vengo con Francesco.»

«Oggi è assente.» L'ha notato.

«Sì, solo un po' di febbre» mento. Lei si avvicina, mi accarezza con un bacio la guancia e poi se ne va. Non ho il tempo di riprendermi che il mio cellulare vibra. È un sms, ma non è di Francesco. Mario mi chiede come vanno le cose all'allevamento, torna questo sabato. Gli rispondo velocemente mentre all'uscita due ragazzi più grandi mi bloccano il passaggio.

«Dove vai, a frocio?» mi fa quello più alto e magro. Sono due dell'ultimo anno, bocciati l'anno scorso. Non rispondo e continuo a camminare. Stavolta la presa sul mio braccio è forte. Serro i pugni. «Il tuo fidanzatino non è venuto oggi?» continua. Non penso subito a Francesco, ma quando lo faccio un brivido freddo mi scende lungo la schiena.

«Cazzo volete, levatevi.» L'altro stringe la maniglia della porta, poi la apre in un gesto di sfida.

«Corri, va', fai in tempo a inculartelo prima di sera.»

Gli passo davanti come una furia ma non reagisco. Sono troppo preoccupato. Corro a perdifiato fino a casa mia, passo per l'edicola, è sempre chiusa a quest'ora, e suono al citofono di Francesco. Una, due, tre volte, ma nessuno risponde. Lo chiamo al cellulare, ma è staccato. Quando è il mio a squillare, esito prima di rispondere. Il numero è di Francesco.

«Mattia» È Sergio, suo padre.

«Ma dove siete?»

«Al Gemelli, Francesco è...» gli si spezza la voce «ha avuto un incidente.» Attacco mentre sta dicendo qualcosa. Corro fino alla metro. Ci mette una vita ad arrivare. E una volta alla fermata, devo aspettare un autobus che mi porti in ospedale. Mi precipito al pronto soccorso. Non gli ho chiesto neppure dove devo andare. Mi avvicino al banco informazioni. La donna grassoccia sulla cinquantina mi fissa, ma non dice niente. Ha una targhetta con il nome, Maria.

«Maria, mi scusi, ho bisogno di un'informazione.» Solleva una pila di cartelle e la appoggia sul bancone.

«Chi cerchi?»

«Un mio amico.»

«Nome.»

«Francesco Mancini.»

«Sei un parente?»

«È un mio amico.» Lei alza appena gli occhi dalle scartoffie. Sono di due colori diversi, uno marrone, l'altro nero.

«Allora non te posso aiutà.» Continua a cercare qualcosa tra le cartelle. Sbuffa.

«È il mio migliore amico, per piacere, non so cosa gli è successo» la supplico.

«Ragazzì, lo vedi che c'ho da fà? Torna con un parente.» Dietro di me un uomo anziano cerca di attirare l'attenzione di Maria. Ma non mollo. Così gioco la carta jolly, come la chiama Francesco.

«Maria, mi chiamo Mattia, questa mattina il mio amico non è venuto a scuola. E deve essere successo qualcosa di brutto. E suo padre era agitato. E io...» Mi fermo sospirando teatralmente «mia madre è morta sei mesi fa. Se dovesse succedere qualcosa a Francesco...» Faccio una pausa. E non mi sento neanche un po' in colpa. Mi fissa, poi digita sul computer che ha di fronte.

«Reparto di chirurgia generale, decimo piano. L'hanno appoggiato lì, non c'erano posti in ortopedia. Prendi l'ascensore in fondo al corridoio.»

«Grazie.»

Mi infilo di corsa nell'ascensore insieme a due medici e salgo al decimo piano. Al nono c'è il reparto di oncologia. Mia madre ci è rimasta quattro mesi prima che la mandassero a casa con i farmaci per il dolore. Dicono che sia una sconfitta quando ti rispediscono a casa, ti mandano a morire, ma io mamma non l'ho vista mai così felice come in quei giorni. Apprezzava la vita, spesso saltavo la scuola e ce ne stavamo a letto a guardare film, o a leggere. Io leggevo per lei. Le piaceva la mia voce e quando piangeva non era triste. Diceva che ogni tanto doveva piangere, perché era pur sempre malata. Ci sono delle persone così coraggiose nella vita che quando ho paura, come in questo momento, quasi me ne vergogno.

Francesco è rannicchiato nel letto, quasi ci scompare dentro. Non mi vede subito, ha gli occhi chiusi. I suoi non ci sono, così mi avvicino al letto. La stanza è immersa nel buio, l'unica finestra chiusa con le tapparelle abbassate. Nel letto accanto, un signore dorme russando. Una donna, forse la moglie, mi passa di fianco, sorride ed esce dalla stanza senza dire niente. Prendo una sedia e la porto accanto al letto di Francesco. La stanza odora di brodo e disinfettante. Osservo da vicino Francesco, l'occhio destro livido, le labbra gonfie, il naso fasciato. Sospiro e piango. Piango come se tutta la gente che conoscevo fosse morta, e io fossi l'unico sopravvissuto. Piango come se nessuno potesse vedermi e consolarmi. Singhiozzo. L'uomo continua a russare, Francesco a dormire. Quando apre l'occhio buono mi sorride, ma non ne sono sicuro, ne esce piuttosto una smorfia.

«Ti hanno conciato per le feste» sospiro.

«Non hai visto loro.» Prova ad aprire l'altro occhio, lo arriccia, sbatte la palpebra solo una volta. Poi sbuffa e si arrende.

«Chi è stato?»

«Sono caduto.»

«Non mi prendere per il culo.»

«Mattì, a che serve?» Prova ad alzarsi, si solleva sui gomiti ma non ce la fa. Solo ora noto che ha la gamba destra fasciata.

«Serve a me, voglio saperlo, chi è stato?» Mi asciugo gli occhi con le mani. Le lacrime non smettono di scendere, ma non me ne vergogno.

«Ero andato al Gilda, sabato, ci sono tornato.»

«Ma mi avevi detto che restavi a casa.» Gira la faccia dall'altra parte, come se non ce la facesse a guardarmi ora che confessa le sue bugie. Sabato sera io e Romina l'abbiamo chiamato per una pizza. Massimo era impegnato con una ragazza nuova.

«Ero in macchina quando mi hai chiamato, io dovevo, volevo vederlo.» So che sta parlando di Claudio, non c'è bisogno che me lo dica.

«Chi ti ha fatto questo?»

«Sono stato lì tutta la sera, al bar, mi ha chiesto se mi

andava di aspettarlo. *Sì*, gli ho detto.» Francesco finge di non sentire la mia domanda e va avanti a raccontare con la paura nella voce, come se lo stessero pestando adesso, qui in questa stanza. «Ci vediamo poco fuori dal locale, sai, la gente parla, e Claudio è riservato.»

Tossisce. «A scuola ci evitiamo, ci incontriamo di nascosto, al bar ci rivolgiamo solo qualche cenno. Ma quando ha finito il turno, loro ci aspettavano fuori.» Deglutisce e torna a guardarmi. Non sono arrabbiato con lui, ma ho questo tremore alle mani che vorrei spaccare qualcosa.

«Chi?» riesco a dire.

«Due dell'ultimo, più grandi.» So già di chi sta parlando.

«So chi sono.»

«Mattia, ti prego.» Mi fissa con un solo occhio. «Non voglio si sappia, la gente è così…»

«Sbagliata» lo interrompo. «Francesco, hai visto come ti hanno ridotto?» Serro i pugni.

«Hai visto Claudio oggi?» È preoccupato.

«No, è conciato male anche lui?»

Francesco sospira. «Non lo so, sono svenuto.»

«Ti ha chiamato?»

«No, è complicato.»

«Vuoi dirmi che non l'hai sentito, che non è venuto qui?» Sono ancora più incazzato, se possibile.

«Mattia, tu non capisci. Non siamo in un telefilm, suo padre non capirebbe, per non parlare dei miei genitori. Ha fatto bene a non farsi vedere.»

«È scappato?» Non mi risponde, ma capisco che non sta soffrendo solo per le botte. Mi avvicino e lo abbraccio, almeno quello che posso. Gli stringo le braccia, gli bacio la fronte e torno a sedermi.

«*Scappa* gli ho detto, e lui è scappato» sussurra.

«Rimettiti presto, che a scuola mi annoio» gli dico alleggerendo l'atmosfera con le cazzate.

«Promettimelo, Mattia.»

«Te lo prometto.»

È tardo pomeriggio quando arrivo all'allevamento. Assomiglia a una serra immersa nel verde, tre capanni allineati con un edificio più piccolo costruito di fianco che ospita i tecnici. Per noi è semplicemente la casa delle farfalle, ogni tanto qualche scolaresca viene in visita guidata, ma Mario detesta i curiosi, così c'è poca gente qui intorno. Oltre a me, Leo e Mario, ci lavorano un biologo, e di tanto in tanto Sofia, la moglie di Mario, che ha una passione smisurata per le farfalle. È con lei che spesso vado a caccia, la chiamiamo così, anche se è improprio. Una volta o due al mese, andiamo nei boschi intorno a Roma o negli spazi verdi vicino al Tevere per catturare i bruchi. Se la gente vedesse quello che facciamo qui, se capisse l'importanza di preservare delle specie rare... A volte credo che la mia rabbia dipenda anche da questo, dall'ignoranza degli altri.

Sostituisco Mario e Sofia per le mansioni generali, e oggi sono in turno con Leo. È con noi da sei mesi, sta ancora imparando. Ha ventitré anni, pochi grilli per la testa e una laurea in biologia alle porte. Quando arrivo sta uscendo dall'allevamento principale e mi viene incontro.

«Te l'avevo detto che potevi restare a casa, è tutto ok.»

Si accorge subito della mia espressione dura. «Mattia, tutto bene?» È più grande di me ma lo supero in altezza. Così quando gli passo accanto, sono io a poggiargli una mano sulla spalla. Poi entro. C'è una musica per pianoforte in sottofondo.

Controllo che tutto sia a posto, le farfalle diurne stanno dormendo. Scuoto le capsule Petri. Cambio le foglie ai bruchi più giovani, che spontaneamente passano dalla pianta vecchia a quella nuova. Con il pennellino tolgo gli escrementi. La mia attenzione è soprattutto rivolta ai macaoni, la specie più abbondante nell'allevamento. Siamo all'ultimo stadio della muta e hanno la livrea riconoscibile, verde con anelli neri macchiati di rosso. Sono un capolavoro. Abbasso la temperatura e passo alla stanza adiacente. Qui ci sono gli esemplari tropicali; è lo stesso microambiente, solo che il centro della stanza è occupato da un lago artificiale. Serve a ricreare l'habitat adatto.

Mi siedo sul pavimento freddo con le gambe incrociate. Solo ora ripenso ad Alice. Dopo il nostro incontro l'ho cercata su internet, ho persino messo il nome su Facebook, ma ovviamente le corrispondenze erano centinaia. Ho curiosato sui profili del Gilda, per vedere se compariva in qualche foto. Ma a dire il vero non mi sembra una frequentatrice abituale. Era così piccola lì fuori, e fragile, una fragilità che mi ha mosso qualcosa dentro. Sentivo di doverla proteggere. Ma quando mi ha parlato ho subito pensato che non avesse bisogno di nessuno. E quando mi ha toccato i capelli… Scuoto la testa, Francesco è in ospedale, non posso perdere tempo con una sconosciuta che non so neppure se rivedrò. Mi rialzo, mi stiro i jeans, non mi sono neppure cambiato, e uscendo sento quel battito d'ali che è quasi come una musica, è il loro modo di comunicare, come se avessero ascoltato i miei pensieri e ora mi consolassero. Come una famiglia.

Non sono sempre stato figlio unico. Quando avevo sette anni mia madre rimase incinta, ma poi perse il bambino. E quando mi comunicò che avrei avuto un fratellino, io ero contento, volevo qualcuno con cui dividere le T-shirt e i Lego, qualcuno a cui insegnare a leggere e a scrivere, qualcuno con cui crescere. Lo vedo qui di fianco a me, avremmo diviso i turni alla serra, le uscite del venerdì sera, i quiz della patente e i guantoni da boxe. Avremmo condiviso persino la morte di mamma, le notti insonni al suo fianco, le lacrime quando qualcuno passava per casa e scuoteva la testa affranto. Invece il dolore è solo mio e mi viene dietro in ogni stanza, al supermercato, qui alla serra, mi segue aggrappandosi a me. Quasi fosse mio fratello. Un dolore così non puoi seminarlo, non puoi fregarlo, è nato per annidarsi dentro di te.

«Mattia, ti stanno aspettando.» Martina sbuca dalla porta della palestra ammiccante. Oggi mi sono trascinato a scuola; l'assenza di Francesco mi pesa. Martina non indossa la tuta, le ragazze se ne stanno sugli spalti a guardare e se va bene a gridare il nome di qualcuno. Ha dei jeans aderenti e una maglietta azzurra con la scritta WE ARE ITALIANS che le sfiora giusto la pancia. Ho appena preso il primo quattro in latino della mia carriera scolastica e l'ultima cosa a cui penso è la partita di calcetto.

«Arrivo subito» dico con un sorriso. Non faccio in tempo a sfilarmi la felpa che mi sento trascinare all'indietro. Pianto i piedi sulla gomma del pavimento. Faccio per voltarmi ma qualcuno mi tiene bloccate le spalle. Mi alita sul collo. Poi compare il primo dei due deficienti che hanno pestato Francesco. Il mio corpo reagisce, fremo di rabbia. L'altro stronzo, quello che ieri mi bloccava la porta, mi tiene fermo.

«Anvedi chi ci sta, il fidanzato del frocetto» Deve essere il capo del duo. «Hai perso la lingua?» È sempre lui a parlare. Quell'altro mi tiene fermo e basta. Sospetto che non sia tanto normale.

«Chi cazzo sei?» rispondo.

«Non abbiamo mai avuto il piacere.» Il bastardo allunga pure la mano. «A' Giacomo, lascialo sta, il nostro amico ci vuole conoscere» fa rivolto al suo compare. «Io sono Felice, Felice er macellaio, mi zio tiene tre macellerie all'EUR.»

Mi allontano da Giacomo il leccaculo, ma non stringo nessuna mano.

«Caspita, Mattia c'ha le palle.» Felice sorride beffardo. Una grossa cicatrice gli taglia a metà la guancia destra.

«Che cazzo volete?» Mi allontano, da fuori il chiacchiericcio entra attutito.

«Volevo sapere come sta il nostro amico comune.» Stringo i pugni ma non faccio niente.

«L'avete lasciato in un vicolo, pestato a sangue, sei una testa di cazzo, tu e questo deficiente che ti porti appresso.» Giacomo scatta e mi prende per la felpa che ho ancora addosso.

«Calma, Giacomo, calmati, in fondo Mattia sta in pensiero per il suo fidanzatino.» Felice me lo stacca letteralmente di dosso. Da vicino si somigliano, alti e spigolosi. «Che ti ha detto, che ti ha raccontato?» Felice è quasi preoccupato mentre me lo chiede.

«Non dirà niente, dovete lasciarlo stare.»

«Lo sapevo che è uno ok, frocetto, ma ok.» Stavolta ridono entrambi. Giacomo ha gli occhi spenti e la risata di chi ride a comando.

«Non devi toccarlo più.» Mi porto così vicino a Felice che gli sento l'alito che sa di birra.

«Geloso?» Mi sfiora il mento con le dita. Lo scanso. «Andiamo, Giacomo, che questo è un cacasotto. Ricchione e cacasotto.» Si volta e prima di uscire scimmiotta malamente la voce di Francesco. «*Per favore, basta, basta*, così diceva l'amico tuo. Te lo dice pure mentre te lo sbatti?» E mentre ridono io mi sono già avventato su di loro. Tiro un pugno a Giacomo che rimane sorpreso e poi mi butto su Felice. È più alto di me, io sono più robusto, finiamo a terra. Lo colpisco dritto sui denti, siamo un groviglio di braccia e gambe furenti, ma quando mi centra il volto vedo solo sangue e poi svengo.

Capitolo IV

MATTIA

L'ufficio del preside è uno stanzone con l'intonaco bianco scrostato. Alle pareti diverse foto in bianco e nero con alcuni studenti che alzano una coppa. Sono seduto mentre il preside e due dei miei professori mi fissano preoccupati. È la seconda volta in sei mesi che finisco in presidenza. La prima volta mi portarono qui il giorno della morte di mia madre. C'era anche zia Anna, la sorella di mia mamma. Il preside non disse molto, ma mi diede una tazza di cioccolata che non bevvi. Anche oggi è a corto di parole. A parlare è il professore di biologia, La Marca.

«Mattia, come ti senti?» Mi guarda premuroso. È l'unico in piedi, gli altri sono tutti seduti.

«Bene.» Ed è vero, quando sono rinvenuto mi trovavo sul divano del preside, e di Felice e Giacomo neppure l'ombra.

«Vuoi raccontarci quello che è successo?» Il professor La Marca è sulla quarantina, fisico asciutto, capelli brizzolati. È appoggiato alla scrivania, è l'unico che non mi guarda truce.

«Non ricordo molto» mento. Mi tocco il naso che sanguina ancora un po'.

«Mattia, lo sai che rischi grosso, non possiamo passarci sopra.» La professoressa di latino respira con aria solenne cacciando l'aria fuori poco per volta. Restiamo a fissarla, è come se stesse presenziando a un'orazione di Cicerone. Si aggiusta il foulard intorno al collo e gli occhiali preistorici.

«Vogliamo chiamare la polizia, i servizi sociali, che so, farlo arrestare?» Il prof La Marca non si rivolge a nessuno in particolare, ma è incazzato. «Facciamolo parlare.» Mi guarda. «Mattia, raccontaci come è andata.»

«Ero nello spogliatoio, stavo per uscire a giocare a calcio, poi sono arrivati loro e...»

«Li hai aggrediti tu?» Mi dispiace deluderlo, ma non posso tradire Francesco.

Mattia, promettilo.

«Non mi ricordo.»

«Loro ricordano e hanno parlato. Dicono che tu li hai stuzzicati senza ragione e ti sei scaraventato su di loro. Si sono solo difesi, è vero?» È il preside a farmi le domande ora.

«Non mi ricordo.»

«Mattia» mi ammonisce qualcuno, ma non vedo di chi si tratta. Mi alzo.

«Fate quello che dovete, non ho niente da dire.» Vorrei solo andarmene.

«Siediti» continua il preside. «Come prima cosa chiameremo tuo padre. Ovviamente dovrai lavorare nella biblioteca della scuola fin quando non deciderò che la tua rabbia è sotto controllo.» Annuisco. Non sono d'accordo, ma annuisco. «E sarai seguito da uno psicologo.» Ecco la sentenza di morte.

Condannato senza diritto di appello. La Martinelli quasi sorride soddisfatta.

«Di nuovo? La prego, signor preside, l'ultima volta non è servito a niente.» Dovrei dire loro che l'ultima volta è stata un disastro, ma mi trattengo. Dopo la morte di mia mamma, l'assistente sociale ha deciso che dovevo essere seguito da uno psicologo, un imbecille che veniva ogni martedì. Mi faceva sdraiare, respirare e mi chiedeva di raccontargli le mie sensazioni. *Si può usare la parola sensazione in un discorso tra adulti?*

«Allora, Mattia, ti è chiaro?»

«Sì, signor preside.»

«Se dovesse tornarti la memoria, sai dove trovarmi.» La Marca mi stringe la mano. Poi esce. Gli altri lo seguono. Io rimango seduto.

È quasi finita anche l'ultima ora, così aspetto Claudio ai cancelli. Da lontano ha l'andatura dinoccolata, lo sguardo rivolto verso il basso. Cammina con altri due ragazzi e quando mi vede si rabbuia. Fa cenno agli altri di avviarsi. Il liceo si svuota a poco a poco, e sento già i brusii di chi mi ha riconosciuto. Per un po' non diciamo niente. Lui si accende una sigaretta e mi ricorda Francesco, la sua fissa. Ma Claudio è più alto, quantomeno di statura accettabile, le spalle piccole e strette, gli occhi buoni. Ha l'aria stressata, le borse sotto gli occhi, si guarda intorno continuamente. È abituato a farlo, e aspetta che il cortile si sia svuotato prima di cominciare.

«Come sta?» mi chiede bisbigliando.

«In ospedale, occhio destro andato, labbra gonfie, gamba fasciata. Ma poteva andargli peggio.» Mi sbuffa tutto il fumo in faccia. Me ne offre una. «Potevi chiamare» gli dico.

«Sì, potevo» annuisce distratto. Ho l'impressione che sia teso, sempre in allerta.

«Andrai a trovarlo? Gli farebbe piacere.» Quasi si illumina, quasi mi dice di sì. Ma poi scuote la testa.

«Mio padre…»

«Intanto quello che stava per essere ammazzato è Francesco.» Non lo dico con cattiveria ma la mia voce è tagliente.

«Non potevo fare niente, mi hai visto?» e allarga le braccia. Getta il mozzicone per terra.

«Potevi restare.» Lo sto giudicando, ma non mi importa.

«Non dovevano vedermi.»

«E l'hai lasciato per terra, svenuto.»

«Ho chiamato l'ambulanza, io… lo so, dovevo restare.»

«No, non lo sai come l'hanno ridotto.»

«Ma tu li hai conciati per le feste, tutti ne parlano. E io li ho visti. Felice non può sorridere, gli hai spaccato un dente, e l'altro, com'è che si chiama?»

«Giacomo.» Ridiamo. Non ci siamo mai neppure presentati, stretti la mano, dati una pacca sulla spalla, ma siamo qui a ridere insieme.

«Puoi dirgli che… sì, insomma. Anzi, non dirgli niente.»

«Lui ci tiene. Ma se deve essere così, ne vale la pena?» Per un po' mi guarda, soppesa le parole.

«Mio padre mi ucciderebbe» dice solo e si avvia in strada, le spalle curve, la testa china.

GIULIA

Il vestito azzurro a maniche corte mi arriva alle caviglie, infilo le Dr. Martens nere e afferro il maglioncino prima di decidere di cambiarmi per l'ennesima volta. Sono nervosa. Quando Maura ha bussato alla porta per la terza volta in due giorni, proponendomi di accompagnarla a una festa di una sua vecchia amica, non ho saputo dirle di no. Aveva quell'espressione di una a cui tutti dicono di no, soprattutto io, e mia madre mi ha lanciato uno di quei suoi messaggi non verbali, *Ti prego accetta ed esci e ridiventa normale*, che mi sono sentita in dovere di sorridere e ringraziare. Poi mia madre mi ha trascinato in giro per negozi per comprarmi l'ennesimo vestito delle grandi occasioni. Aspetto Maura in soggiorno, sarà sua mamma ad accompagnarci. Mio padre sta guardando la partita alla tivù; è sabato sera e la mamma è a casa della sua amica per il circolo del libro. Sono in quattro, le altre tre sono casalinghe annoiate, solo la mamma può vantare un lavoretto, come lo chiama lei.

Mi siedo sull'enorme divano verde acqua. È stata proprio lei, con l'aiuto di un interior designer, a reinventare il nostro salotto la scorsa estate. È un ambiente essenziale, scarno, con il divano in pelle, il televisore sessanta pollici e un quadro futurista a riempire la parete più grande. Mio padre abbassa il volume, e anche se non parleremo, so già che per lui è importante che io sia qui ora. Lui è stato il primo che ho visto quel giorno. Quando hanno caricato Alice sull'ambulanza. Mi ha accompagnata in ospedale. Ha parlato con i medici per primo, ha chiamato i genitori di Alice, mi ha sorretta quando sono svenuta. E quando sono rinvenuta lui era ancora lì, la faccia triste, gli occhi socchiusi. Aveva pianto, per me o forse per la mia amica cresciuta in casa nostra, o per i suoi genitori. *Poteva toccare a me*, avrà pensato e quando siamo tornati a casa è stato lui a raccontare tutto a mia madre. Per tre giorni non ho parlato. Non che non potessi, ma non volevo. Appena credevo di essere pronta, ci ripensavo, non volevo affogare nelle mie parole, non volevo parlare di quello che avevo visto. Mi sentivo come se avessi dimenticato la via di casa e non potessi più tornarci; e quando parlavo o cercavo di ricostruire quel giorno tutti mi fissavano come se fossi pazza. Mia madre mi ha convinta a vedere Angela, ci sono voluti sei mesi, ma alla fine l'ho accontentata.

«Maura è in ritardo?» Mio padre finge di guardare la partita e mi lancia un'occhiata distratta.

«Fra poco sarà qui, sono io in anticipo.»

«Nervosa?»

«Un po', non conosco nessuno, a parte Maura.» Mi riallaccio le scarpe.

«Mi sembra una brava ragazza.»

«Ovvio, sì.» Mio padre si gira dalla mia parte, la camicia bianca impeccabile, e mi guarda aspettando il mio verdetto. «Solo un po' anonima.» Sorride. «Papà?»

«Dimmi.»

«Tu avevi un amico a cui dicevi tutto, qualcuno da cui non ti separavi mai?»

«Certo, si chiamava Mariano, abitava nel mio stesso palazzo, al piano di sopra. Eravamo inseparabili.»

«Che tipo era?»

«Ambizioso, non te le mandava a dire. Cercava sempre l'approvazione dei professori, eravamo al classico insieme e lui spadroneggiava, dalle versioni alla dialettica. Vinse per tre anni di seguito il torneo di greco. Non aveva paura di niente.»

«E tu?»

«Gli facevo da spalla, alle feste lui rimorchiava le ragazze e io le accompagnavo a casa. Ma non mi sembra il caso di parlare di questo con mia figlia adolescente.» Rido. «Dopo la maturità i suoi si trasferirono in Germania. Mariano li seguì riluttante, ma poi si ambientò alla facoltà di ingegneria. Ci siamo sentiti qualche volta, più che altro ci scrivevamo, ma poi ci siamo persi.» Spegne la tivù.

«Cosa è successo?»

«Niente di specifico, sai, la vita.» Fa un gesto con la mano come a indicare qualcosa.

«Se Alice non fosse morta, non ci saremmo perse. Mai.» Un groppo mi sale in gola. Suonano alla porta. Lui fa per dire qualcosa, poi ci ripensa. «A più tardi» lo saluto.

«Divertiti.»

Maura mi sorride, sembra al settimo cielo mentre raggiungiamo sua mamma sulla Mercedes. È di poche parole, così ascoltiamo la musica. Maura indossa dei jeans stretti che le fasciano le gambe muscolose, un top decisamente scollato e tacchi altrettanto alti. Sembra a suo agio vestita così, i capelli ondulati e le labbra rosse. Ma non riesco a cogliere la sua bellezza, non che sia brutta, ma è come se fosse nascosta da qualche parte. Passiamo per il Colosseo illuminato prima di arrivare a destinazione. Non le ho neppure chiesto dove stiamo andando. Sua mamma sembra contrariata mentre ci raccomanda di non accettare passaggi da nessuno, che suo marito verrà a riprenderci a mezzanotte.

«Vieni.» Maura mi prende per mano, la lascio fare ma sono a disagio. «Martina abita qui vicino» mi spiega mentre svoltiamo in una stradina laterale, «non volevo ci vedessero arrivare con mia mamma.» Annuisco e le fisso i tacchi. Lei si aggiusta la giacca nera, stirandola con le mani.

«Io mi sarei fatta accompagnare fin sul divano con quei tacchi.»

Mi guarda, poi passa alle scarpe e sospira. «Sono bassa, devo portarli.» Annuisco ancora. «Martina veniva a scuola con noi, non te la ricordi? È all'ultimo anno. Suo padre ha perso il lavoro e così si sono trasferiti qui.» Con un gesto quasi sprezzante indica la Garbatella. È una zona pieni di viali alberati e case popolari di mattoni rossi.

«Eccoci.» La stradina è zeppa di auto parcheggiate anche sui marciapiedi. Sono le dieci e c'è ancora poca gente. Odio le feste dove la gente non arriva puntuale solo per tirarsela. Maura saluta qualcuno, del nostro liceo giusto qualche faccia, per il resto sono sconosciuti.

Martina porta due vassoi pieni di panini, c'è poca luce ma la riconosco, era una delle più popolari. Alice la detestava, diceva che si era rifatta il seno. È davvero molto carina nel suo vestitino lilla a maniche corte fuori stagione. Il salone è colmo di sedie addossate a una parete con un lungo tavolo che Martina provvede a rifornire. Io e Maura le andiamo incontro. Loro due si abbracciano.

«Ho portato Giulia, te la ricordi?» Martina ci pensa su, poi si illumina.

«Certo» si avvicina, «mi è tanto dispiaciuto per te. Insomma, per Alice e per te.» Mi stringe. Ha le tette enormi, sembrano davvero di plastica.

«Anche a me per tuo padre» mi scappa. Lei si scosta con cautela, e sgrana gli occhi. Le sorrido e mi allontano lasciando lei e Maura a chiacchierare. La casa di Martina è al primo piano di un palazzo con cortile. Scendo i pochi gradini e mi siedo sul muretto che circonda una fontana ornamentale con al centro dei ciclamini rossi profumati. Arrivano altri invitati, uno zoppica visibilmente e lancia le stampelle per aria.

«Francè, cazzo fai?» grida qualcuno.

«Non le sopporto.»

«Dài, aggrappati a me.» Riconosco la voce prima di vederlo avanzare e citofonare. Mi tremano le gambe per davvero, è come se mi fossi lanciata da un precipizio, non ho appigli così li seguo in casa. Il salotto ora si è quasi riempito, non vedo Maura, solo Mattia. Ha una camicia azzurra con le maniche rimboccate, si sfila il giubbino e passa un braccio intorno alle spalle del suo amico zoppicante. L'altro ha un occhio socchiuso, forse gonfio. Quando Martina lo vede, lascia tutto quello che ha in mano e li raggiunge. Saluta frettolosamente il ragazzo basso e poi si lancia su Mattia. Mi nascondo tra la gente. Lo vedo arrossire perfino da qui, Dio, sta andando a fuoco, lei lo bacia sulla guancia, gli sussurra qualcosa e poi si allontana. Ritorna poco dopo con due bicchieri con dentro una roba arancione. L'ho assaggiata e fa letteralmente schifo. All'improvviso vorrei essere a casa, nella mia stanza sotto le coperte. Maura sta mangiando un panino, mi porge il pezzo che resta, rifiuto. La raggiungo e segue il mio sguardo.

«Quello deve essere Mattia, il compagno di classe di Martina, carino, eh?»

«Vi sentite spesso tu e Martina?» dico per cambiare argomento.

«Ci scriviamo, sai, Facebook, roba del genere.»

«E l'altro?»

«Non ne sono certa, ma credo sia Francesco.»

«Ha avuto un incidente?» Fisso le stampelle.

«L'hanno picchiato.»

«Cacchio, gli hanno rotto una gamba.» Lo guardo meglio e noto che ha un occhio gonfio.

«Deve portare un tutore per qualche settimana, ma non ha nulla di rotto.»

«Sei informata.»

«Facebook.» Ci stanno guardando. Mattia mi riconosce, apre la bocca come per parlare ma io sto già scappando. Non conosco la casa, supero la cucina, dove alcune ragazze stanno versando dello spumante nei bicchieri di carta, e mi ritrovo in quella che deve essere la stanza di Martina. Chiudo la porta alle mie spalle e mi siedo sul letto. Respiro.

«Non hai perso questa brutta abitudine di scappare.» Lui è qui ma io non mi volto. La stanza è buia. Ho il cuore a mille.

«E tu di inseguirmi.»

«Perché sei andata via?»

«Volevo solo, sai, tutta quella gente...» Lo sento avanzare, così mi alzo e gli vado incontro. Dalla porta socchiusa filtra la luce del corridoio. Nella penombra quasi ci tocchiamo.

«Ciao, Alice.» Le sue parole sono come uno schiaffo. Deglutisco. Devo dirglielo.

«Ciao, Mattia» mi esce invece. Ci fissiamo e, anche se non riusciamo a vederci, so che è imbarazzato quanto me.

«Senti, ho lasciato Francesco, il mio amico ammaccato, di là. Devo stargli dietro, non ci voleva neppure venire.» Le punte delle nostre scarpe si toccano, ha il respiro accelerato.

«E Martina ti starà cercando mentre tu ti nascondi proprio in camera sua.»

«Non mi nascondo, cercavo te. Ti ho cercata da quando hai vomitato sulle scarpe di Massimo.»

«Non dirmi che c'è anche lui.» Sono quasi spaventata per davvero.

«Sei salva, tranquilla. Vieni» mi afferra la mano. Usciamo senza far rumore. Martina lo sta cercando. Non mi lascia la mano. Passiamo dal cortile. E poi siamo in strada.

«E Francesco?»

«Se la caverà lo stesso anche senza di me.» Sorride ed è davvero bello.

«Vuoi scappare dalla festa della ragazza che ti viene dietro?»

«Almeno scappiamo insieme per una volta.» Non gli rispondo, camminiamo forse per una decina di minuti prima di fermarci. Siamo davanti a una fontana che getta di continuo acqua in una piccola vasca bagnando anche la strada.

Nella pietra è scolpita la faccia triste di una donna.

«Una fontana?» Mi guardo intorno, non c'è nessuno in giro.

«La fontana di Carlotta, per la precisione. Io abito a pochi minuti da qui. A che ora hai il coprifuoco?»

«A mezzanotte, e non è un coprifuoco. Il padre di Maura passa a prenderci.»

«Giusto, tu puoi uscire di notte.»

«È successo solo una volta.» Gli metto il broncio.

Saliamo le scale, su fino in cima. Vorrei dirgli la verità, che la ragazza di cui è infatuato è morta. Che io sono solo una bugiarda. E così Alice mi ha fregata di nuovo. Restiamo in silenzio. Ci sediamo sullo stesso scalino, poco distanti.

«Lo senti?» mi chiede poco dopo.

«Cosa?» Lo fisso.

«Questa specie di ronzio. Ascolta.» Lui chiude gli occhi e io lo sento davvero. È come un bisbiglio. Poi si ferma. E poi ricomincia. «Sono farfalle.» Si guarda intorno. «Laggiù tra gli alberi. Saranno euforbie, al massimo macaoni. Sicuramente notturni.»

«Sei un incantatore di farfalle?»

«Un allevatore.» È serio. Io spalanco gli occhi incredula e gli do una spinta leggera. Non se l'aspetta, e per non cadere mi poggia una mano sul ginocchio. Ho il vestito lungo ma è come se mi toccasse la pelle. Ho i brividi. «Scusami.» È in imbarazzo forse più di me. «Sì, allevo farfalle, lavoro in un allevamento vero e proprio. Al prossimo appuntamento ti ci porto.» Divento paonazza.

«Non sapevo fosse un appuntamento.»

«Il primo» dice.

«Ma ci siamo incontrati per caso.»

«Ancora meglio, no? Pensa se ti avessi cercata e trovata, e ti avessi dato un appuntamento in un posto preciso. Sarebbe stato noioso.»

«Non avevo mai sentito parlare di un allevamento di farfalle.» Cerco di cambiare discorso, ma la verità è che lo vedo mentre setaccia la rete alla ricerca di Alice. Due ragazzini si tengono per mano, avranno sì e no dodici anni, lui è più basso di lei. Le accarezza i capelli, salgono qualche gradino. I lineamenti appena accennati come di chi sta per cambiare da un momento all'altro. Poi si baciano con trasporto. Io fisso Mattia. Alla luce artificiale dei lampioni è ancora più bello. Le labbra piene, il ciuffo ribelle, l'espressione di uno incazzato. Poi ci parli e non c'è traccia di rabbia. È perfino dolce.

«Molta gente ignora che ci sono così tante farfalle che muoiono per la nostra noncuranza. Se le vedessero crescere, nutrirsi, se si potessero intrappolare quei colori.» Distoglie lo sguardo e fissa la strada.

«E quando non allevi farfalle o soccorri ragazze ubriache cosa fai?» Gli parlo come non facevo da mesi. E ho di nuovo voglia di ascoltare.

«Liceo classico, quest'anno ho la maturità.» Sono pensierosa, lui se ne accorge. «Sì, ho diciotto anni e no, non sei troppo piccola. Non approfitterò di te.» Si avvicina e mi sfiora la guancia. La sua mano resta lì e tutto l'imbarazzo svanisce.

«Mi sa che è meglio tornare.» Mi alzo e mi avvio giù per le scale.

«Alice?» e io mi volto come se mi chiamassi davvero così, come se fossi lei. «Perché sei sempre triste?» Mi raggiunge. «Voglio dire, non che mi dispiaccia, mi piaci così. Ma perché?» Si sta davvero preoccupando per me.

Vorrei dirglielo, raccontargli ogni cosa. Vorrei tornare a sedermi su queste scale e cominciare dall'inizio, da quando lei mi è morta davanti. Raccontargli che vado da una psicoterapeuta, perché non riesco a relazionarmi con gli altri. Perché la vedo anche se non dovrei. Perché ho paura che la gente intorno possa morire così, mentre parliamo.

«Mi piace la mia tristezza» comincio. «È una tristezza buona, una di quelle che non fanno male alla pelle e non fanno venire le rughe. È un'abitudine, come il jeans preferito, il film del cuore. Mi piace e quando smetto di essere triste mi sento a disagio, come se la felicità non mi stesse bene addosso.» Mattia annuisce come se capisse, ma non commenta, mi segue mentre cerco di ricordare la strada per tornare da Martina. Lui se ne accorge e mi precede tenendomi per mano. Quasi mi ci abituo. La festa è ancora nel pieno e per un attimo dimentico la bugia grande come una casa che gli sto raccontando. Mi fermo prima di entrare. È il momento dei lenti. La musica arriva fin nel cortile. Qualche coppietta si è già appartata qui fuori. Scorgo Maura all'ingresso ma lei non mi vede. Mi stacco dalla sua mano in fretta.

«Va' tu, io resto ancora un po' qui fuori, voglio cercare la mia amica.»

«Ok, e io trovo Francesco così te lo presento. E per il secondo appuntamento ti va se ci mettiamo d'accordo? Non vorrei aspettare il prossimo allineamento planetario.» Mi strizza l'occhio.

«Sabato, piazza Navona alle sette?» azzardo e non so da dove stia prendendo il coraggio.

«Ci conto. Torno subito.» Sparisce all'interno e Maura mi raggiunge.

«Ehi, dov'eri finita?» Continuo a guardare dentro, sono nervosa.

«In giro, scusa, mi sono allontanata senza accorgermene.»

«Figurati, io mi sto annoiando.» Guarda l'orologio.

«Manca ancora un po' a mezzanotte.»

«Posso sempre chiamare mio padre, dirgli di venire.»

Le sto già sorridendo. «Sicura?» chiedo speranzosa.

«Certo.» Si allontana digitando il numero sull'iPhone. Dentro lo stereo diffonde le note di *Turning Tables*. Martina finalmente intercetta Mattia. Lui è con Francesco, si stanno avviando all'uscita. Lei gli sussurra qualcosa, Francesco si allontana e Mattia la avvolge in un abbraccio. Cominciano a muoversi, lui guarda nella mia direzione ma non può vedermi.

Maura mi raggiunge. «Mio padre arriva subito.»

«Ok.» Ma la voce mi muore in gola.

«Caspita, alla fine ce l'ha fatta» commenta, invidiosa. Ora Martina lo stringe. Lui tenta una debole difesa.

«Non è stato così difficile» commento acida. Me ne pento subito perché Maura mi guarda curiosa. Fissiamo la scena. Mattia si stacca da lei, ma Martina lo raggiunge, passandogli le mani intorno al collo, e poi gli preme le labbra sulla bocca.

«La principessa della Garbatella ha trovato il suo principe.» Maura quasi ride.

«Avviamoci, vieni, mio padre sarà qui a minuti.»

«Già» dico, e mi asciugo le lacrime con la manica del golfino, senza che mi veda.

E mentre ci incamminiamo, loro si stanno ancora baciando. Una voce in lontananza: ma è il nome di un fantasma quello che stanno chiamando. *Alice*, sento dire, ma stavolta non mi giro.

Capitolo V

MATTIA

Ho passato i primi due pomeriggi della settimana in biblioteca a riordinare l'archivio. Ho trasferito tutte le schede di consultazione su un file Excel e spazzato per terra nei tempi morti. La biblioteca è una stanza sul retro della scuola che sa di muffa e carta da parati ingiallita. Per arrivarci bisogna fare il giro della palestra, attraversare il cortile e spingere una porta che il più delle volte resta incastrata. Riordino le ultime schede, alcuni studenti del primo anno sono passati a chiedere in prestito i testi di filosofia. A scuola tutti parlano della rissa con Felice e Giacomo, per fortuna di loro neppure l'ombra. Nei corridoi i ragazzi mi lanciano occhiate furtive, le ragazze bisbigliano, quelli del mio anno si sono complimentati. Sono passate le tre quando il preside mi intercetta mentre sto uscendo.

«Già finito oggi?»

«Ho appena sistemato le ultime schede.»

«Ottimo lavoro con i file, finalmente abbiamo un archivio consultabile al computer.» Sembra soddisfatto.

«Grazie. Ora devo proprio andare» e faccio per incamminarmi.

«Mattia, vorrei che questi incontri li affrontassi nel verso giusto.» So a cosa si riferisce, oggi vedo lo psicoterapeuta per la prima volta. Quando il preside mi ha detto che non sarebbe venuto a scuola ma che sarei dovuto andare nel suo studio, ho sbuffato vistosamente.

«Certo.» Abbasso la testa e mi dirigo all'appuntamento. La metro è chiusa per una fuga di gas, così mi tocca infilarmi sul 791. È primo pomeriggio e stiamo stretti come sardine. Scendo poco dopo per aspettare il secondo autobus che mi porterà a destinazione, controllo l'indirizzo che ho annotato sul cellulare. E solo ora mi concedo di pensare ad Alice. È di nuovo sparita e io ho baciato Martina, che evito da due giorni. Ma lei continua a riempirmi di messaggi e mail.

Quando citofono all'indirizzo indicato, sono già in ritardo. Prendo l'ascensore fino al terzo piano e mi accoglie una ragazza alta e bionda.

«Mattia Rossini?» Sorride gentile, i capelli lunghi le ricadono dritti sulle spalle.

«Mi scusi per il ritardo.»

«La sta aspettando.» Con la mano mi indica una porta sulla sinistra ricavata in una parete bordeaux. La porta è dello stesso colore, così non la noto subito. Lei allora mi accompagna e la apre. Faccio la figura del fesso. Entro. Una musica si diffonde nella stanza.

«Ciao, Mattia.» È seduta dietro la scrivania perfettamente a suo agio. Troppo giovane per essere la persona giusta, magari è un'altra assistente.

«Buongiorno.» Lei non si muove ma mi studia da lontano. «Mi siedo?»

«Sei stanco?» Sembra seria.

«Allora resto qui.» Di male in peggio, me ne sto imbalsamato sulla porta. Lei si alza. Ha un'espressione corrucciata ma continua a sorridere. I capelli perfetti come se avesse appena finito di farsi la piega. Le tende sono chiuse.

«Io sono Angela.» Mi raggiunge sulla porta e allunga la mano. La musica in sottofondo riparte sulle stesse note.

«Mattia» Gliela stringo. Ho le mani sudate, così subito la ritraggo. «E scusi per il ritardo.»

«Dammi pure del tu, e ora che ne dici di spostarci dalla porta?» Così la seguo. Lei si siede dietro l'enorme scrivania di mogano. E io sulla poltrona. Ho caldo. Mi guardo intorno confuso e imbarazzato. Non è come me l'aspettavo. La pareti sono quasi spoglie, solo una stampa di un dipinto con le ballerine in tutù e poi due foto. In quella in alto due ragazzini sorridono guardando l'obiettivo. Nell'altra il ragazzo della foto precedente è colto mentre ripone un flauto in una fodera beige. Nell'angolo della stanza un pianoforte nero e lucido.

«Mia madre è una fotografa» mi spiega seguendo il mio sguardo.

«Sono davvero belle.» Lo penso sul serio. La ragazza della prima foto deve essere lei, ha i capelli più chiari e lunghi, e l'espressione serena mentre fissa il ragazzo.

«Glielo dirò. So che anche tu hai una passione.» Bene, già crede di conoscermi.

«Lavoro in un allevamento di farfalle» dico, fiero.

«Deve essere stupefacente.» Le brillano gli occhi.

«Be', sì, non capita tutti i giorni di assistere alla nascita di una farfalla.»

«Come lo definiresti?» Si aggiusta i capelli in un gesto distratto. È bella di una bellezza delicata, forse sciupata.

«Il mio lavoro?» Lei annuisce, seria. «Un miracolo.» Non l'avevo mai detto prima, ma lo penso davvero. Quello che faccio, quello che ha creato Mario somiglia davvero a un miracolo.

Lei sta ancora sorridendo. Gli occhi sono verdi ed enormi. Indossa un abito beige al ginocchio. Sembra davvero giovane.

«Sta ridendo» dico ad alta voce. «Mi scusi, cioè scusami, sì, insomma.»

«Il mio non lo definirei di certo un miracolo.»

«A giudicare da quello che vedo, direi che non puoi lamentarti.» Mi guardo intorno e solo ora noto la cura per i dettagli. Alle mie spalle la libreria di legno massiccio ricolma di libri, le cornici d'argento, il Mac collegato a un sistema di diffusione.

«Eh già, la gente mi paga per ascoltarla.» Mi scappa un sorriso. Io no, non la pagherò, sono il suo *pro bono*, la sua scommessa senza profitto.

«Perché io?» le chiedo.

«Al progetto in cui sei inserito» fa una pausa «ci sto lavorando da tempo e quando ho letto la tua scheda...» Si ferma di nuovo. «Adoro le scazzottate. E poi il preside è un vecchio amico di famiglia, non ho potuto proprio rifiutare.»

Il preside mi ha spiegato che sono stato fortunato a

essere scelto. E lei è l'unica ad aver accettato di vedermi per un tempo così lungo. Otto settimane.

«Sei diversa» le dico allora.

«Da chi?» È curiosa.

«Dallo psicologo di prima.» Il suo ricordo mi provoca ancora rabbia e delusione. Passavamo i pomeriggi nello studio del preside a fissarci. Ogni tanto scuoteva la testa. *Sei senza speranza*, gli è scappato una volta.

«Non ti piaceva?» Appoggia la testa sui palmi delle mani. Le vedo gli occhi da vicino, ma non abbasso lo sguardo.

«Era un po' stronzo.» Ride di nuovo.

«Ne ho conosciuti di stronzi, ne è pieno il mondo, soprattutto in questo lavoro.»

«Ne hai sposato uno, come tutte le ragazze?» Sono stato avventato e quasi vorrei scusarmi.

«Sì, alla fine ho sposato quello più stronzo.» Si tocca l'anulare senza fede. «Hai una ragazza?» mi chiede appoggiando le spalle alla poltrona.

«Non sono il tipo da ragazza.» Giocherello con il laccio della felpa.

«Hai un ragazzo?»

«No, non dicevo in quel senso. Non sono tipo da fidanzata. Faccio solo grandi casini con le ragazze.»

«E l'ultimo casino come si chiama?»

«Martina, ma il casino è stato che mi ha baciato davanti alla ragazza che mi piace sul serio» sospiro. Ripenso a sabato sera, rivedo Martina mezzo ubriaca che mi viene incontro, mi abbraccia e mi bacia. Mi ha sorpreso. E quando mi sono voltato Alice se ne stava andando. Poi Martina ha voluto ballare un lento e ha continuato a strusciarsi addosso finché non è intervenuto Francesco, lamentandosi della gamba. Lo sto ancora ringraziando.

«Le hai spiegato che questa Martina non ti piace?»

«È scappata. Lei scappa sempre. Un attimo prima è lì con me a chiacchierare e poi non c'è più.» Ora mi accorgo che sono incazzato perché non l'ho fermata. E non so se verrà all'appuntamento. *Sabato, piazza Navona alle sette.*

«È per lei che hai preso a pugni i tuoi compagni?» Ecco, ora vuole sapere.

«No, non l'ho fatto per lei» la liquido.

«Per chi allora?»

«Gliel'ho promesso. Questa cosa non si deve sapere.» Lo ripeto più a me stesso che a lei.

«Non voglio farti pressioni, ma io non dirò niente. Anche volendo non posso, segreto professionale» e con le mani finge di sigillarsi la bocca. È buffa.

«Se si viene a sapere...» poi la guardo. Funziona così anche nei film. È un po' come confessarsi dal prete. «Francesco, è per Francesco, il mio migliore amico. L'hanno picchiato e lasciato in strada con una gamba rotta. Avrei dovuto ammazzarli.» Dirlo a voce alta non mi fa sentire in colpa, mi sento leggero.

«Perché l'hanno picchiato?»

«Be', Francesco è gay.» Mi fermo. «Io non dovrei neppure saperlo, voglio dire, Francesco non mi ha mai detto nulla, ma io lo conosco. E per quei bastardi era solo uno scherzo.» Riprendo fiato. Come se avessi corso. Sono così agitato che ansimo.

«Uno scherzo. Tutto questo non l'hai raccontato a nessuno?»

«Gliel'ho promesso.»

«Come sta ora Francesco?» mi chiede, complice.

«Zoppica, ha l'occhio gonfio e il cuore a pezzi. È innamorato di Claudio ma lui ha paura.»

«Chi non ha paura di amare?»

«Claudio ha paura di suo padre. La gente non capisce, dovresti vedere Francesco come l'hanno conciato. Ha la faccia ancora gonfia ma è ritornato a scuola lo stesso. Racconta a tutti che è caduto, *Sono sbadato* ripete, e quasi ci crede pure lui. Ma non è più lo stesso.»

«È spaventato.» Sembra che voglia confortarmi.

«È deluso» dico, e lo credo davvero.

«Devi stargli vicino.»

«Lo so, lui finge che non gli sia successo niente, in realtà sta da schifo per Claudio. Non si parlano neppure più.»

«Così hai picchiato i due trogloditi. Caspita, le ragazze ti cadranno ai piedi» dice tornando a sorridere.

«Solo Martina.»

«E non è quella giusta.»

«Decisamente no.»

«Come si chiama quella giusta?»

«Alice, e ha queste lentiggini che la fanno sembrare ancora più piccola. E bella.» Lei non dice niente ma si alza e cammina per la stanza, sembra nervosa.

«Come l'hai conosciuta?» mi chiede, distratta.

«Mio Dio, ha vomitato sulle scarpe di un mio amico. Lui voleva ammazzarla e io l'ho portata via.» Non mi guarda più. Si siede al pianoforte e lo fissa senza toccarlo.

«La rivedrai?»

«Abbiamo un mezzo appuntamento, ma non ci conto troppo dopo quello che ha visto.»

«Puoi continuare a venire qui il venerdì, a raccontarmi delle farfalle, della scuola o di questa Alice, se preferisci.» Si alza e torna a sedersi alla scrivania.

«Non ci sarebbe molto da raccontare, e non mi hanno mandato qui per le mie pene d'amore.»

«Alla tua età dovrebbero essere gli unici problemi.»

«Anche mia mamma lo diceva sempre che mi facevo troppi problemi.» Penso a lei, se fosse viva ora ne staremmo parlando. E il pensiero che non accadrà più mi spaventa.

«Da quanto tempo se n'è andata?»

«È morta sei mesi fa, sì, sono sei mesi giusti questo venerdì.» Tengo il conto, non credo smetterò mai di contare i giorni.

«Cosa le racconteresti se potessi?»

«Che mi hanno bocciato di nuovo all'esame di guida, lei riderebbe e liquiderebbe la cosa con un po' di patatine e Coca-Cola. Che mio padre continua a non reagire, il lavoro non l'ha riavuto, evita le visite dal medico e io evito lui. Che tengo tutto in ordine come piaceva a lei e che ogni tanto, anzi ogni giorno, tornando, spero di trovarla a casa. E quando non c'è resto deluso, ogni giorno un po' di meno, ma comunque ci resto male. E che ho questa rabbia dentro che mi monta così all'improvviso, e ho paura che diventi un problema.»

«Mi piace quello che dici.»

«Guarda che non devi riempirmi di complimenti, non racconterò in giro che sei stronza.»

Si alza e io la imito.

«Abbiamo finito?»

«Ho un paziente fra cinque minuti.» Mi tende la mano.

«Grazie.» La stringo e mi volto per uscire.

«Cercala! Vuole essere trovata, ogni ragazza lo vuole.»

Fuori piove, non ho l'ombrello e lascio che la pioggia nasconda le lacrime.

GIULIA

La casa di Alice si trova vicino alla mia; basta superare la fila di villette a schiera e il negozio di antiquariato sempre vuoto del signor Andinolfi per arrivarci. Ci passavamo i pomeriggi a guardare dvd, a sorseggiare il tè alle cinque immaginando quel viaggio in Inghilterra che avremmo dovuto fare a Natale.

Sua madre mi ha chiamata stamattina, dice che ci sono delle cose che vuole darmi. Non le ho detto che non avrei voluto niente, che avrei preferito dimenticare ogni cosa. Sono stata cortese, anche quando il silenzio è diventato pesante attraverso la cornetta, e così le ho detto che certo, sì, sarei andata.

Suo padre rincasa a bordo della Maserati, abbassa il finestrino.

«Ciao, Marcello.»

Ha l'aria stanca, come di chi non dorme da giorni. Mi dice di salire. Lo faccio senza protestare.

«È stata Marisa a chiamarti, vero?» Ci avviamo su per le scale, lui odia gli ascensori.

«Sì, sono venuta direttamente da scuola.» Ci guardiamo, ma io distolgo subito lo sguardo. Ogni volta che ci fissiamo, lo rivedo in ospedale, gli occhi arrossati, la cravatta slacciata. La paura nella voce che gli moriva in gola, mentre mi chiedeva spiegazioni. Alice non gli somigliava, lui è bruno, carnagione scura, occhi neri. Lei era bionda e diafana, ma me la ricorda in ogni gesto. Quando infila le chiavi nella toppa e indugia prima di entrare, quando si tocca i capelli, nervoso. O quando sorride.

Marisa è seduta sull'enorme divano di pelle nera del salone. È un open space con vista sulla piscina. Sta parlando al cellulare, la rivista appoggiata sulle gambe. Quando ci vede, pare sorpresa, chiude in fretta la telefonata e mi viene incontro. I capelli a caschetto rossi, il viso truccato come se dovesse partecipare a una serata di gala, la tuta con i polsini lavorati. Mi raggiunge e mi abbraccia senza dire niente.

Si bagna un po' anche lei, quando mi accarezza i capelli. Marcello si defila senza salutarla.

«Giulia, tesoro.» Io resto lì impalata ricambiando goffamente l'abbraccio. «Grazie di essere venuta.» Ci accomodiamo sul divano, lei getta la rivista sul tavolino di vetro dove ce ne sono altre, impilate perfettamente.

«Vuoi bere qualcosa?»

«Grazie, sto bene così.»

«Un tè, o abbiamo del succo di mirtilli, lo devi provare.» E senza aspettare la mia risposta, chiama Lucia e le dice di portarci due succhi di mirtilli. E un asciugamano. «Tua madre mi ha detto che stai meglio, che vai da una psicoterapeuta.» Annuisco, non sto meglio, ma non glielo dico.

«Sì, Angela, è fantastica.» Sorride e quando stringe gli occhi noto le rughe sotto il trucco.

«La conosciamo, è davvero brava. È così difficile per tutti» si agita nervosa sul divano, «ma dobbiamo reagire.» Sospetto che anche lei sia in terapia. Me la vedo ogni martedì seduta su una poltrona costosa in un centro per madri addolorate, o in qualche gruppo di supporto. Lucia arriva con un vassoio. Mi sorride, ha cinquantadue anni, forme arrotondate e un occhio leggermente strabico. È azzurro, così si nota di più, come se non ti guardasse mai veramente. Alice la adorava, spesso veniva al cinema con noi. Posa i due bicchieri, mi dà il telo e se ne va. Marisa comincia a sorseggiare.

«Ti ho chiamata, anzi scusami per l'ora, mi ero dimenticata della scuola...» fa una pausa «vorrei darti delle cose che ho trovato.» Aspetta la mia reazione, mi guarda curiosa.

«Certo.» Fisso il bicchiere senza nessuna voglia di mirtillo. Ma lo bevo lo stesso.

È aspro.

«Ti va di andare di là?» Lei mi stringe una mano e io le sorrido. Superiamo il lungo corridoio che porta alla stanza. Lancio un'occhiata furtiva allo studio dove Marcello ha i piedi sulla scrivania e fuma la pipa. Marisa gli rivolge uno sguardo che sembra sprezzante. Ricordo le parole di Alice quando parlava dei suoi, del trauma che aveva subito quando quasi finirono per divorziare dopo il tradimento di Marcello. Alice era piccola ma capì ogni cosa di quei mesi travagliati, i pianti isterici della madre, i silenzi del padre.

Poi siamo davanti alla sua camera. Non ci sono più tornata. Ci sono dei posti in cui il dolore si nasconde più che in altri. Forse dipende da noi, dai nostri ricordi, ma mentre varco la soglia insieme a sua madre, io Alice la sento qui con noi. E per la prima volta questo non mi spaventa.

Tutto è intatto. Il letto a due piazze con la trapunta arancione, il pannello di sughero appeso identico al mio dove ci sono le nostre foto. Il portatile sul letto. I biglietti del concerto di Cremonini alla parete, il poster di Robert Pattinson dal lato opposto. E le sue Barbie allineate sulla mensola. Ho i brividi, la cornice digitale sulla scrivania continua a passare immagini di noi due. Mi porto una mano alla bocca per non singhiozzare. Marisa si siede sul letto come se aspettasse la figlia da un momento all'altro. Forse non dovrei essere qui.

«Il suo diario era sotto il materasso, non l'ho letto, ed era pieno di scarpe lì sotto.» Lo dice con una voce spettrale. «Quando ho iniziato a rimettere a posto le sue cose, erano già passate due settimane, ma l'ho fatto un po' per volta, come un compito, ogni giorno.» Si alza, raggiunge l'armadio, fa scorrere l'anta e si china per prendere un pacco. È bianco e piccolo. «Vieni a sederti, Giulia.» Io lo faccio e lei mi passa il pacco. «Sono alcune delle sue cose che avrebbe voluto darti. Ne sono certa.» Ora sorride. «Parlava sempre di te. Diceva che eri in gamba, che ti adorava. Oh, se ti adorava. Eri il suo esempio. Se sbagliava in qualcosa, diceva *Giulia non lo farebbe. Oh, mamma, corro da Giulia, lei lo sa, lo sa sempre.*» Sospira. «Se non le vuoi, se pensi che… sì, insomma, se ti fanno male, dimmelo e basta, non mi offendo.»

«Le voglio, voglio tutta la scatola.»

Lucia compare sulla porta, anche lei fa fatica a guardarsi intorno. Avvisa Marisa di una chiamata, lei prende il cordless e si allontana. Io resto ferma, seduta sul letto, i piedi pesanti, le braccia stanche. Quando trovo il coraggio di alzarmi sono alla finestra, scosto le tende immacolate, ma lì sul bordo in basso c'è un piccolo foro.

Alice fumava, non sempre, ma la faceva sentire grande. E quando ci provò la prima volta, per poco la tenda non prese fuoco. Ha smesso di piovere, ma il cielo è così scuro che quasi non distinguo casa mia, poco più in là. Mi volto, cercando in giro per la stanza un ricordo solo mio, qualcosa che lei si sarebbe portata dietro se avesse potuto. Frugo tra i libri sulla mensola, la serie di *Twilight*, altre saghe di lupi e vampiri, *Piccole donne*, che le ho regalato per il suo tredicesimo compleanno. Apro i cassetti della scrivania, è tutto in disordine. Qui non deve ancora aver sistemato nessuno. Trovo il suo iPod rosa. Sto per infilarmelo in tasca quando noto due biglietti del treno stampati e malamente infilati in un astuccio. Me li metto in tasca insieme all'iPod. Quando Marisa ritorna è nervosa, ma fa finta di niente. Torniamo in salotto, Marcello ha ancora la giacca addosso.

«Ha smesso di piovere» dico, come se questo giustificassc il fatto che sto per andarmene.

«Ti accompagno.» Marcello apre la porta come se avesse fretta di uscire. Marisa lo guarda indifferente. Lei allora mi abbraccia, ma stavolta è più composta, le mani che mi tengono e l'attimo dopo mi hanno già lasciata. Io e Marcello siamo già in strada, quando lui prende a parlare: «Tra me e Marisa le cose, sì, insomma, passerà. A volte aspetto ancora che torni da scuola, che mi chiami chiedendomi un passaggio, o dei soldi per l'ultimo vestito firmato». Si passa una mano tra i capelli folti. «Ci credi che se n'è andata così all'improvviso? I medici mi hanno riempito di spiegazioni. È stato il cuore a tradirla.» Ha in mano un ombrello, non l'avevo notato prima.

Sulla morte di Alice non ho mai chiesto dettagli, so quanto mi ha detto mio padre. È morta d'infarto, aveva un difetto cardiaco, una cardiomiopatia ipertrofica. L'ho cercata su internet, ho anche stampato degli articoli. Credo fosse il mio modo di reagire, cercare di capire. Ma erano pieni di termini medici, so solo che capita così, all'improvviso.

«Marcello, io...»

«Fatti vedere» mi dice alla fine. Si volta e si avvia nella direzione opposta alla mia. E apre l'ombrello anche se non piove.

Mia madre, che sta scrivendo il suo articolo, mi scruta da dietro il portatile.

«Cos'è quello?» mi chiede continuando a battere sulla tastiera.

«Sono stata da Marisa, mi ha dato alcune cose di Alice.» Stringo il pacco tra la braccia. So che mia madre le telefona regolarmente anche se non sa cosa dirle. Proprio come con me.

«Giulia, sei sicura?» Fissa la scatola. È preoccupata, una ruga sulla fronte.

«No, ma sono curiosa.» Le sorrido e mi avvio in camera. Apro la porta-finestra. Ha ripreso a piovere ma non fa freddo. Mi sfilo il K-way azzurro e mi siedo sul davanzale. I capelli sono diventati ricci, così li lego con l'elastico che porto sempre al polso.

Sollevo il coperchio e rovescio il contenuto sul davanzale. Sono tutte le cose che avevamo comprato pensando al nostro viaggio a Londra. Saremmo dovute partire il 26 dicembre da sole per andare dalla zia di Alice. Così avevamo deciso di comprare in un negozietto *british* tutte queste cianfrusaglie. Segnalibri con la testa della regina, portachiavi a forma di cabina rossa, una guida di Londra, una mappa della metro, la bandiera inglese. *Are you ready? Sure.*

Giù in fondo, quasi nascosto, un biglietto di auguri per il suo ultimo compleanno. Riconosco la mia grafia frettolosa, *Perché i sedici sono meglio dei quindici. Sempre insieme*. E in un angolo una nostra foto. È recente, me ne accorgo dai riflessi dorati nei suoi capelli. Si lamentava che il parrucchiere avesse esagerato con il biondo. Io la trovavo adorabile, sembrava venuta da un altro pianeta. Poi mi metto le mani in tasca, tengo da parte l'iPod e tiro fuori i biglietti del treno. Roma-Napoli, sola andata per il 13 aprile, tre giorni dopo la sua morte. Li fisso senza capire, li stringo tra le mani e allora ricordo. Come se stesse accadendo ora.

Io e Alice siamo proprio qui, nella mia camera. Non so dire quanto sia recente il mio ricordo. Lei ha gli occhi arrossati, tira su con il naso, ha appena smesso di piangere.

Indossa il suo maglione verde a collo alto e i jeans che la fasciano.

«Alice, non ci devi andare, non sai nemmeno chi è.» Io sono agitata, muovo le braccia in gesti scomposti.

«Vieni con me, così saremo in due.»

«Ma non lo conosci, potrebbe farci qualcosa di brutto. Sei pazza?»

«La vita non è quella che leggi nei tuoi libri. Io voglio sapere, non voglio vivere in questa menzogna.» Faceva sempre così, quando si incazzava mi feriva deliberatamente.

«Dovresti dirlo ai tuoi genitori» dico come ultimo tentativo.

«Ci andrò da sola.»

«Perché non me l'hai detto prima, perché ti comporti così?»

«Perché devo sapere, devo conoscerlo.»

«È pericoloso.»

«Mi ha scritto, ho letto le sue lettere. Giulia, ci devo andare. Devo incontrare mio padre. Il mio vero padre.»

Capitolo VI

MATTIA

Mio padre sta riordinando in cucina, cerca di infilare una pila di piatti sporchi nel lavello, e uno finisce per terra, proprio mentre il suo sguardo intercetta il mio. Lui mi guarda, non dice niente, raccoglie i cocci con le mani. Si taglia. Io non mi muovo, come se stessi osservando uno sconosciuto che traffica nella mia cucina.

«Com'è andata a scuola?» Mi dà le spalle, mentre io mi siedo al tavolo apparecchiato.

«Il solito.» Non lo guardo in faccia.

«E la biblioteca?»

«Il solito.» Mi porta un piatto che assomiglia a del pollo al forno. Si siede con me. Non ricordo più da quanto tempo non accadeva. Prendo un boccone e inizio a masticare, ma dentro è crudo.

«Mi parlerai un giorno?» Lo fisso per la prima volta da quando sono arrivato. Si è sbarbato e gli occhi chiari risaltano sull'incarnato scuro. Anche i vestiti sembrano a posto.

«Hai messo in ordine?» dico guardandomi intorno. Non ci sono bottiglie di birra in giro. Sono seccato, ma mi sforzo lo stesso di apprezzare il gesto.

«Da qualche parte dovevo iniziare.» E le sue parole, ancora cariche di promesse, mi fanno incazzare.

«Direi di cominciare da un corso di cucina.» Mi alzo e mi avvio in camera.

«Se vado a questi incontri, se frequento questo gruppo, dicono che mi ridanno la licenza. Per il taxi, capito?» Me lo grida mentre entro in camera.

Inizio a preparare l'attrezzatura per l'escursione di oggi. Io, Mario e Sofia, di ritorno dal loro viaggio, facciamo una gita ai castelli romani. La volta scorsa è toccato ad Ariccia, oggi visiteremo il Lago di Albano. Andiamo a caccia, Mario odia il termine ma quello che faremo sarà recuperare qualche bruco. Ci sono altri allevamenti in Italia dove le farfalle provengono da paesi tropicali e percorrono migliaia di chilometri. Noi abbiamo pochi esemplari tropicali, il grosso dell'allevamento è occupato da quelle native.

Quando i miei compagni di classe mi chiedono incuriositi cosa facciamo esattamente all'allevamento, mi limito a raccontargli la nostra attività passaggio per passaggio.

Dovrei dirgli che osservare le farfalle, vederle passare da uno stato all'altro, mi tira fuori dallo schifo in cui mi pare di affogare. Mi rimette a posto con il mondo anche solo per qualche pomeriggio.

Questo è quello che facciamo, ogni giorno, turno dopo turno: accudiamo le uova, le proteggiamo dagli insetti, fino alla seconda generazione. Ci assicuriamo che i bruchi non vengano attaccati dalle vespe, che le crisalidi stiano negli appositi box, lontano dall'umidità, e soprattutto stiamo attenti che le farfalle abbiano lo spazio per distendere le ali. È uno spettacolo che mi lascia ogni volta stupefatto. La caccia ci serve a ripopolare il nostro allevamento quando liberiamo un numero cospicuo di farfalle. Mario odia raccogliere i bruchi, ma spesso lo fa per salvare le farfalle, che si ritrovano smarrite in città assediate dall'inquinamento luminoso. Così prendo lo zaino e mi incammino verso l'allevamento. Mario e Sofia stanno già caricando la jeep con tutto l'occorrente. Io salgo dietro come sempre.

«Ehi, vieni davanti, oggi guidi tu.» Mario sorride, beffardo. Iniziano a sudarmi le mani.

«Davvero?»

«Certo, come lo vuoi superare sennò quest'esame?» *Il 27 dicembre.* Ora sudo copiosamente.

«Ok.»

Sofia scivola dietro. È così minuta, magra e bassa, che fatico a darle quarant'anni. Mario si siede al mio fianco.

«Bene, ora esci dal viale lentamente.» Mi sembra di sentire Romina che dà istruzioni a Francesco. Ingrano la prima mentre Leo ci saluta divertito.

Sbaglio il parcheggio, mandando la jeep in panne. Mario deve scendere a spingerla, mentre Sofia ride di gusto. Siamo in una zona piena di fango, ha da poco smesso di piovere, e il terriccio blocca la ruota. Così quando riusciamo a muoverci, mi infilo in uno spazio sotto un albero. Percorriamo la strada sterrata a piedi, indossiamo tutti delle tute scure. Ispezioniamo i rami più bassi, quelli a vista, Sofia stringe i box, io le pinzette per afferrare i bruchi. Mario ne scorge alcuni, li raccoglie e tralascia quelli già infestati dagli insetti. Non possiamo fare nulla per recuperarli. Ci sono molti macaoni in questa zona, ma siamo a ottobre e si trovano già allo stadio di farfalle, così le lasciamo libere in natura. Io raccolgo le piante che serviranno da sostentamento, le infilo nello zaino. Cerco di stare attento a non prendere le foglie bucate. Passiamo il pomeriggio in riva al lago, è così grande che se ne cancelli i confini e socchiudi gli occhi pare di essere al mare. Sofia è ancora in esplorazione, io e Mario ce ne stiamo seduti a lanciare sassi nell'acqua.

«Da ragazzo, quando avevo la tua età, volevo fare il marinaio» mi dice a voce bassa, quasi fosse un sogno che non si può raccontare ad alta voce.

«Sulle barche?»

«No, sulla luna.» Raccoglie una manciata di ciottoli e se li rigira tra le mani.

«Che fa un marinaio?» gli chiedo, e davvero non lo so.

«Non ne ho idea, ma volevo andare per mare, stare lontano e poi tornare. Per vedere se tutto era cambiato o era rimasto uguale.»

«Niente resta uguale.»

«Manca anche a me, Mattia.»

«Lo so. Certi giorni è come se non fosse successo a me. Come se lei fosse ancora viva e dovessi solo trovare il posto in cui si nasconde.»

«E la trovi?»

«Non ho smesso di cercare, la sento ancora parlare con la sua voce, ridere o camminare come ha sempre fatto. Ma come fa la gente, come fanno tutti a non impazzire?» Mi guarda come se mi capisse davvero, come se il posto di cui parlo fosse reale. Magari lo è.

Una volta all'allevamento, Leo ci viene incontro e ci aiuta con l'attrezzatura. Dovrei restare fino a pomeriggio inoltrato, ma ho il secondo appuntamento con Angela. Sono passati solo pochi giorni, ma voglio davvero parlarle. Non ho trovato Alice, in realtà non l'ho nemmeno cercata. E sabato si avvicina, ma dubito che verrà. Mi sfilo la tuta, gli scarponi, mi spazzolo i jeans e corro alla fermata dell'autobus.

Angela mi aspetta come la volta scorsa dietro la scrivania. Sorride, vedendomi, ma non si alza. Io la raggiungo e mi siedo sulla poltrona di fronte. Fa caldo, così mi sfilo la giacca a vento. Dalle casse arriva di nuovo una melodia, sembra quella della volta precedente.

«È sempre la stessa?»

«Mi piace molto. È Yann Tiersen» dice asciutta, come se fosse impossibile non conoscerlo. «Sono contenta che tu sia ritornato, ho parlato con il preside, voleva inserire anche tuo padre nei nostri incontri, ma ho preferito evitare.»

«Grazie.» Non ne sapevo niente.

«Non vi somigliate?»

«Sono identico a lui, ma non funzioniamo insieme. Era mia madre a tenerci uniti, era lei e basta.»

«Con Francesco come va?» Cambia argomento appena percepisce la mia rabbia.

«A scuola evita Claudio, ma so che vorrebbe parlargli, credo che abbiano chiuso. Si può essere così orgogliosi?» Sbuffo. «In questi giorni Francesco si limita a ciondolare per i corridoi, zoppica sempre meno, ma è distratto e nervoso. Ho dovuto fermare Massimo, che ieri sera, quando ha visto Francesco per la prima volta dopo l'incidente, voleva sapere chi l'aveva ridotto così, *Li ammazzo*, gridava.»

«Chi è Massimo?» e mentre lo dice prende appunti.

«Il mio amico della Garbatella. Fa il meccanico. Lui e Romina sono i miei amici più cari. Oltre a Francesco, ovvio. Angela, tu non dirai niente, vero?»

«Devi fidarti, è questo lo scopo.» Sembra colpita, come se le avessi dato uno schiaffo.

«Mi fido di poche persone.»

«E di me no. Di me, non ti fidi.» Gioca con una matita e inizia a mangiucchiarla.

«Non ancora.» Si alza, mi viene incontro. Indossa dei pantaloni aderenti neri e una camicia rosa con le maniche a sbuffo.

«Ti va di uscire?» mi chiede studiando la mia espressione dubbiosa.

«Ora?»

Guarda l'orologio. «Certo, ora, sono le cinque, è perfetto.»

«Ok.» Non le chiedo per cosa, ma mi alzo.

«Andiamo.» Si infila il cappotto sottile, lungo fino al ginocchio, e io la giacca a vento. Usciamo da un'altra porta, non da quella principale. È piccola e dà su un lungo corridoio. «Così nessuno può vedere i pazienti uscire, è la regola numero uno» mi spiega. Quasi corre giù per le scale.

«Dove stiamo andando?»

Saluta il portiere, ma non mi risponde.

«Vieni.» In strada prende le chiavi, e ci infiliamo nella

sua Punto nera. Guida con attenzione mentre si infila nel traffico. Armeggia con l'auricolare. «Andrea, sono uscita. Puoi spostare Giovanni, diciamo» guarda l'orologio sul cruscotto «tra un'ora? Perfetto, grazie. E se chiama Sam, digli di non aspettarmi per cena. Lo so, lo so, ma tu diglielo. Grazie, a dopo.» Chiude la conversazione e accende lo stereo. Stavolta i Coldplay riempiono lo spazio nell'abitacolo.

«Potevamo venirci a piedi» osservo quando lei si ferma poco dopo.

«Troppi temporali improvvisi.» Mi sorride. E io potrei anche dirle che adesso mi fido di lei. È stato facile e repentino. Ma mi fido. Parcheggia ai piedi di una salita. Mi stringo nella giacca appena scendiamo dall'auto.

«Proseguiamo a piedi.»

«Non ci sono mai venuto qui.»

«Davvero?»

«Sì, voglio dire, so che stiamo andando allo Zodiaco, ma non ci sono mai venuto.» Angela sembra così distratta che non dico altro. Siamo a Monte Mario, superiamo le auto parcheggiate ai bordi della strada.

Quando arriviamo c'è solo qualche turista con la macchina fotografica. Roma è laggiù, ai nostri piedi, immersa nel cielo rossastro di un sole che non si decide a tramontare.

«È bellissimo» le dico.

«Lo è, vero?» Ci avviciniamo al muretto, superando il bar e il ristorante. Lei si stringe nel cappotto e si affaccia, come se volesse guardare di sotto.

«Venivamo sempre qui, io, mio fratello e gli altri. Era il nostro posto. Ai miei tempi. Oh Dio, sembro mia madre. Avere un gruppo di amici era l'unica cosa importante.» La sento tremare.

«Hai solo un fratello?»

Scuote la testa. «Non più.» Io non le chiedo altro e lei non prosegue. È come se avesse lasciato qualcosa in questo posto, come se una parte di lei fosse sempre stata affacciata a questo parapetto. «Avevamo la tua età, più o meno, quando tutto è successo» prosegue a voce bassa.

«Cosa?»

«Ti ho portato qui, Mattia, perché vorrei che ti fidassi di me. È difficile, lo so, ma la fiducia è l'unico legame che abbiamo con gli altri. Con la vita. Non dirò niente a nessuno, non potrei comunque.»

«Oggi sono sei mesi che mia madre se n'è andata. Non ci avevo pensato tutto il giorno. Me n'ero dimenticato. Ci crederesti?»

«Non è peccato dimenticarsi della morte, o di un giorno triste. Ci pensiamo tutti i giorni ogni istante a quelli che non ci sono più.»

«Ma dimenticarsi di chi muore sì.»

«Non ti sei dimenticato di lei, ci pensi in tutto quello che fai. Vieni, sediamoci.» Entriamo nel vialetto degli innamorati, e ci lasciamo cadere sulla prima panchina.

«Per molto tempo non sono riuscita a venire qui. Ci provavo, ma era come se mi mancasse il coraggio.»

«Non volevi ricordare tuo fratello?»

«Non è solo per Adriano. Ma anche per me. Insieme a lui, qui sono morta un po' anche io.» Ho paura di scorgere nei suoi occhi il mio stesso dolore.

«È come mi sento io. Come se morissi ogni volta che ci penso» le dico invece.

«Quando avevo la tua età, credevo di poter affrontare qualunque cosa. Poi tuo fratello muore, e tu credi di non riuscire più a respirare.» Inizio a piangere, piano, solo qualche lacrima, trattengo le altre, e gli occhi mi bruciano. Il dolore non è qualcosa di personale, somiglia così tanto al dolore degli altri. Per questo lo puoi condividere.

«*La morte non è niente, io sono solo andato nella stanza accanto. Io sono io. Voi siete voi. Ciò che ero per voi lo sono sempre*» sussurro, «*datemi il nome che mi avete sempre dato. Parlatemi come mi avete sempre parlato. Non usate mai un tono diverso. Non abbiate un'aria solenne o triste. Continuate a ridere di ciò che ci faceva ridere insieme. Sorridete, pensate a me, pregate per me*» mormoro cercando di ricordare come prosegue. «L'ho scelta quando è morta mia madre per la foto da tenere nel portafogli. E ogni giorno la leggo, ma non ricordo cosa viene dopo» le dico a mezza voce.

«Non serve.» Mi sorride con gli occhi lucidi.

E restiamo lì, il sole tramonta, lo Zodiaco si svuota e si ripopola. Il suo cellulare squilla più volte. Restiamo seduti, come se quello che stiamo facendo fosse di importanza vitale. Non possiamo muoverci, non possiamo desistere proprio adesso.

GIULIA

La prof Hughes sta scrivendo qualcosa alla lavagna.

«Vi consiglierei di fare attenzione.» Si volta e la classe si zittisce. Ha un'espressione solenne, il profilo perfetto, e le gambe lunghe. Avrà l'età di mia mamma, ma sembra molto più giovane.

«Vi ho già detto che il libro che stiamo leggendo, *oh God*, almeno mi auguro che lo stiate leggendo, è incentrato sul tema della guerra.» È in Italia da almeno dieci anni, ma il suo accento americano è ancora forte.

Si mette le mani in tasca, estrae una conchiglia e la mostra alla classe sul palmo della mano. È piccola, allora tutti si sporgono per vedere meglio. Io, seduta in prima fila, non ne ho bisogno. ASSEMBLEA, ha scritto con il gesso bianco alla lavagna.

«A turno, ce la passeremo, ed esprimeremo la nostra opinione sul capitolo V.» Il libro in questione è *Il signore delle mosche*, di William Golding. Ho finito di leggerlo il mese scorso. È la storia di un gruppo di ragazzi che non hanno nemmeno la mia età, naufragano su un'isola deserta e si ritrovano senza adulti a organizzare una vera e propria società.

«Iniziamo da te, Sofia» dice porgendo la conchiglia alla mia compagna di classe. Sofia la stringe tra le mani e poi emette la sua sentenza.

«Ecco, io adoro Simon, voglio dire, è lui quello fico. Fa tanto il timido, ma sotto sotto secondo me lui si salverà.» Tutti stanno ridendo quando la prof fa un gesto con le mani per riportarci al silenzio.

«Da cosa si salverà?»

«Be', ha presente *Lost*, la serie? Alla fine solo in sei ritornano.» Si porta una mano alla bocca come a scusarsi. «Scusate, forse qualcuno non l'ha ancora vista.» Ride da sola. «A ogni modo è come un gioco di sopravvivenza.»

«Sofia, non stiamo parlando di una serie tivù o di un reality show.»

La prof Hughes scuote la testa, e passa la conchiglia a Miss Liceo, Stefania Albanese. Lei sbuffa prima di prendere la parola, ma è impreparata, non avrà letto neppure il titolo sulla copertina, e stringe la conchiglia troppo forte, per poco non la rompe.

«Il libro… trovo che sia troppo adolescenziale.» La prof sgrana gli occhi, ma io non sto già più ascoltando.

Da quando sono tornata a scuola, nessuno parla di Alice, come se non fosse mai esistita. Quando il professore di filosofia ci ha spiegato il senso della morte, ha borbottato che non dovevamo davvero pensare alla morte, che siamo troppo giovani per questo. I miei compagni mi evitano, come se il solo fatto che qualcuno mi parli potesse farmi del male. Ma mi fissano, restano lì a contare quante volte sfoglio le pagine di un libro, si aspettano che diventi stramba. Neppure Stefano, il mio primo ragazzo, è venuto a parlarmi, solo un messaggio in cui diceva che era vicino al mio dolore. Mi guardo intorno e noto che Antonio mi sta fissando. Succede spesso ultimamente, è stato l'unico a passarmi il compito di matematica la settimana scorsa. Ma non appena incrocio il suo sguardo, lui abbassa la testa. Non ho ancora parlato con Angela, non le ho raccontato dei miei vuoti di memoria, è successo solo una volta, l'altro giorno con i biglietti del treno, ma mi ha lasciato la sensazione di essere spezzata. Come se mancasse una parte di lei, Alice. Come ho potuto dimenticare. Dimenticare che mi aveva confidato di essere stata adottata. Voleva partire, e io non l'ho fermata. Ci ha pensato la morte.

Maura mi aspetta in corridoio, dopo la festa mi ha mandato continuamente messaggi, chiedendomi di uscire. Le ho risposto che ero raffreddata, ma ha preso l'abitudine di aspettarmi alla fine delle lezioni, e torniamo a casa insieme. Nei giorni buoni, quelli in cui la sua presenza non mi fa sentire incazzata, o in colpa per l'assenza di Alice, le racconto delle lezioni, della musica che mi piace, dei libri che leggo. Lei ascolta attentamente, annuisce anche quando non conosce gli autori, ma in compenso ha visto tutti i film girati nell'ultimo decennio. Quando mi vede mi fa cenno di raggiungerla, è sempre da sola, sospetto che abbia poche amiche nella sua classe.

«Autobus?»

«Se ti va, passeggiamo.» Il nostro liceo, il Giulio Cesare, non dista molto da casa. Spesso mi accompagna mio padre, o prendo l'autobus, ma quando sono in vena preferisco tornare a piedi. Maura annuisce e mi segue. Oggi il sole non ne vuole sapere di venir fuori, e l'aria resta sospesa, come in attesa di qualcosa.

«Hai sentito Martina dopo la festa?» Cerco di sembrare indifferente.

«Poco o niente, mi ha raccontato di sabato, di come Mattia sia stato dolce. Ha perso la testa.» Fisso la strada, nascondendo il magone. «Più tardi un cinema ti va?» Siamo davanti al nostro cancello d'ingresso.

«Devo andare in un posto.»

«Ora?» Mi guarda confusa.

«Sì, ora.» E solo in questo momento so dove cercare le risposte. Stringo forte lo zaino che ho sulle spalle.

«Ti accompagno» si offre.

«Ti chiamo dopo, o ti scrivo» e corro.

Alice non amava passeggiare, andavamo in metro o in autobus dappertutto anche per fare pochi chilometri. Così una volta ci siamo perse a Testaccio, sbagliando fermata. Lei stava dando di matto, quando da lontano scorsi la punta di quella che sembrava una piramide. Alice mi seguì, chiedendomi dove fossi diretta, io non lo sapevo, ma volevo vedere. Fu così che ci ritrovammo di fronte la piramide Cestia, un foglio A4 piegato direttamente nel cielo. Restammo a osservarla, ma non fu quella la scoperta del giorno: a pochi metri dalla piramide sorgeva il cimitero acattolico. A scuola l'avevamo studiato, forse ci ero stata da piccola con i miei genitori, ma quando entrai, restai senza parole. Alice sbuffava, mentre ci facevamo largo tra le tombe; lei all'inizio faceva così con tutti, con le cose come con le persone. Diceva sempre di no, che non le andava, odiava i cambiamenti, le cose nuove. Ma poi se ne innamorava. Successe così anche con il cimitero, divenne il nostro posto. Sembrerà strano ma quando venivamo qui, parlavamo di tutto. Io spesso tiravo fuori un libro, e mi sedevo sulla panchina a leggere. Lei mi carezzava i capelli e se ne stava zitta, come se avessimo tutto il tempo del mondo, e non ci importasse di sprecarlo in quel modo. Giovanni, il custode, ci lasciava entrare senza pagare, era stata Alice a farselo amico con i suoi occhioni e le sue pose da vamp.

Quando mi vede, Giovanni mi strizza l'occhio e si avvicina. Non ci sono mai venuta da sola. Lui deve aver saputo quello che è successo, perché per la prima volta non sorride.

«Vieni qua, fatte dà un abbraccio, ragazzì.» Giovanni è grosso, tondo e buono. Così quando mi stringe io scompaio. Non dice che è dispiaciuto, ma sento lo stesso la sua tristezza. «Porto dei fiori alla sua tomba preferita, così me pare che lei sta contenta» mi dice prima di tornare al gabbiotto situato all'ingresso.

Infilo come sempre due euro nella cassetta per la raccolta delle offerte e punto alla parte vecchia, immersa nel verde. Ci sono poeti, scrittori, ma su alcune tombe non è riportato il nome, solo un epitaffio che lascia intendere di chi si tratta. Come se la morte portasse via anche il nome, con le persone che seppellisce. Si respira un'aria eroica. Tanto verde, e croci bianche come bandiere mai issate. Cammino tra le tombe, e mi sembra di essere nel posto giusto, come se dopo la morte di qualcuno che ami non si possa essere felici da nessuna parte, eccetto che in un posto come questo. In fondo alla parte vecchia, nell'angolo destro, c'è la tomba di John Keats, il mio poeta inglese preferito. Riconosco le margherite gialle di Giovanni, e leggo per l'ennesima volta l'epitaffio: *Questa tomba contiene i resti mortali di un giovane poeta inglese che, sul letto di morte, nell'amarezza del suo cuore, di fronte al potere maligno dei suoi nemici, volle che fossero incise queste parole sulla sua lapide: "Qui giace uno il cui nome fu scritto sull'acqua".*

Mi siedo incrociando le gambe. Qualcuno passa e mi osserva accigliato, prendo lo zaino e ci ficco dentro le mani rovistando tra i libri e i quaderni. Tiro fuori i biglietti. *Ci devo andare, ho letto le lettere*, e solo ora mi ricordo di averle lette anch'io. È stato tre giorni dopo il nostro primo litigio, quasi non ci parlavamo. E lei mi diede appuntamento proprio qui, per farmele leggere. Ma non ricordo tutto. Dovrei davvero parlare con Angela, magari mi darà una medicina per ricordare. O forse non si può ricordare qualcosa che fa così male.

Alice sbuffa, uno di quei gesti così abituali che forse mi manca più del sorriso, o dei suoi occhi grandi e vivaci. Era il modo in cui cacciava fuori l'aria che mi piaceva, cercava sempre di far rumore, di farsi notare, di mostrare il suo umore contrariato. Io la sto aspettando da un po' quando lei arriva, ma non chiede scusa. Mi allunga le lettere, e si appoggia alla tomba di Keats. Io resto in piedi, mi allontano. Vado a sedermi su una delle panchine libere, dandole le spalle. Ne conto tre, inizio dalla prima. Lei mi osserva da lontano, studiando la mia espressione. Alice si fidava di quell'uomo che dopo sedici anni l'aveva contattata. E voleva incontrarla, parlarle di persona. Non ricordo le lettere per intero, qualche frase, *ti ho cercata a lungo, vieni a conoscermi, ti aspetto* e quel senso di paura quando finisco di leggerle tutte. Quando ritorno da Alice, lei si alza e mi fronteggia, come fosse una sfida.

«Mi ci accompagni?»

«Dovresti dirlo a tuo padre.»

«Davvero, Giulia?» È furente, si agita, camminando avanti e indietro.

«Sì, davvero, questa è la mia risposta. Tuo padre è un avvocato, farà delle ricerche.»

«Non è mio padre.» Alza la voce.

«Alice, sei impazzita.» Ora stiamo alzando la voce entrambe, così Giovanni ci viene incontro e ci chiede di abbassare i toni. «Non essere sciocca, non puoi andarci.»

«E chi sei tu per decidere?» È rossa in volto.

«La tua migliore amica.»

«La mia migliore amica mi avrebbe accompagnata.»

Andrea mi avvisa che Angela farà qualche minuto di ritardo. Fuori è già buio. Sfoglio distrattamente una rivista quando lei compare sulla porta. Ha l'aria stanca, provata.

Non sento la solita musica, ma lei subito provvede a riavviare il Mac.

«Sono uscita per un'urgenza e ho fatto tardi, scusami se hai aspettato.» Mi stringo nelle spalle.

«Tutto bene?» le chiedo, e la mia domanda suona bizzarra persino alle mie orecchie, ma riesco a strapparle un sorriso.

«Sì, è stata una giornata pesante. Ma sono tutta orecchie.» Si sistema sulla poltrona.

«È successo qualcosa in particolare?» mi chiede.

Noto che mi tremano le mani, lei mi fissa ma non dice niente.

«Ho dimenticato delle cose, sono disperata.»

«Giulia, calmati, respira, respira con me.» E lo faccio, respiriamo insieme.

«Cosa hai dimenticato?» Tira fuori l'agenda, quella che pare fatta di legno, e inizia a scrivere, senza guardarmi.

«Si tratta di Alice» mi trema anche la voce, «lei era stata adottata, l'aveva scoperto e voleva incontrare il padre biologico.»

«I suoi genitori non ne sapevano nulla?» Si ferma ad aspettare la mia risposta, come se volesse quella giusta.

«No, lei non voleva dirgli niente. Quel giorno, al cimitero, stavamo litigando per questo. Voleva fare tutto da sola.» Torno a respirare con la bocca aperta. «Angela, sono malata?»

«Non in senso stretto.» Inforca gli occhiali e continua a scrivere. «Parlavi di un cimitero.»

«Il cimitero degli inglesi, ci andavamo spesso.» Annuisce.

«Giulia, succede a molte persone in seguito a un lutto. Direi che la tua mente tenta di nasconderti i ricordi più dolorosi. Si chiama amnesia selettiva. È, credimi, molto comune.» Dovrebbe rassicurarmi, molte persone ce l'hanno, ma mi sento ancora più strana.

«Sono pazza.» È come se non stesse succedendo a me. Io sono normale, ma nella mia mente mancano dei pezzi così importanti che ho paura di dimenticare tutto, chi sono, cosa mi piace. Ho paura di non essere più io. E continuo a vederla. Ma questo non lo dico ad Angela.

«Ehi, guardami.» Posa la penna. «Ricorderemo tutto. E no, non sei pazza, è morta la tua migliore amica, hai il cuore a pezzi. Ed è così anche per la tua mente, è come un grosso buco nella memoria. Ma ricuciremo ogni strappo, ok?»

«Ok.»

«C'è altro che hai ricordato?»

«Alice era arrabbiata.»

«Con te?»

«Sì, voleva che io l'accompagnassi dal padre. Lui le aveva scritto delle lunghe lettere in cui la pregava di andare a trovarlo. E lei mi aveva chiesto di accompagnarla.»

«Dove?»

«A Napoli, aveva comprato persino i biglietti.» Mi sono portata dietro lo zaino, come se qualcuno potesse rovistare tra le mie cose, distruggere l'ordine dei miei pensieri. Così prendo i biglietti e glieli passo.

«Il 13 aprile.» Li tiene tra le mani come reliquie.

«Tre giorni dopo la sua morte» dico asciutta.

«Ma sono due, se tu non volevi accompagnarla, per chi era l'altro biglietto?»

«Non lo so» mi prendo la testa tra le mani. «Magari alla fine mi aveva convinta.»

«Ascoltami… hai ricordato anche altre cose, non strettamente legate ad Alice?»

«No, non credo. Che cosa mi sta succedendo?»

«Ti stai difendendo dal dolore. Ricordi solo alcuni eventi di quel periodo, e altri li hai tralasciati. Diciamo che li hai messi solo da parte, per il momento, ma la vista di questi biglietti ha fatto scattare in te una molla.»

«E se mi dimenticassi di lei?»

«Non succederà, voglio che ti tranquillizzi.»

«Dovrò prendere delle medicine?»

«Prendere delle medicine non significa il peggio.»

«Significa che ne ho bisogno.»

«Significa che ne parlerò con tua madre.»

«E se avessi dimenticato anche altro? Se avessi perso un pezzo della mia vita?»

«Ti fidi di me?» Poi vedo Alice, è in questa stanza. Il vestito rosa corto, le ballerine dello stesso colore e i capelli sciolti. Scuote forte la testa, sembra dispiaciuta, come se l'avessi tradita. Si muove a suo agio. *Alice*, vorrei chiamarla, ma ho paura che Angela mi rinchiuda da qualche parte.

«Ti fidi di me?»

«Mi fido di te, solo di te.»

Capitolo VII

MATTIA

Non sono tipo da appuntamento. In terza media Maria Elena Casucci mi scrisse su un bigliettino se volevo uscire con lei. L'insegnante di matematica, una vecchia con la faccia gialla e i capelli bianchi come la neve, intercettò il foglietto e lo lesse ad alta voce a tutta la classe. Credo che non fosse mai stata sposata, non aveva figli né relazioni di alcun genere. Portai Maria Elena, che tutti chiamavano Marilù, a mangiare il gelato da Giolitti; passeggiammo senza dire niente, lei mi prese la mano. La mia era sudata e il gelato mi era colato tra le dita, così si era appiccicato sui polpastrelli, facendo un tutt'uno con il sudore. Quando sua madre venne a prenderla, lei mi guardò e mi disse: «Non mi piaci più, puoi ridarmi il biglietto?».

Poi c'è stata Serena, un anno più grande di me, io ne avevo appena compiuti diciassette e non ero mai stato con una ragazza. Lei sì, voglio dire che aveva avuto diverse esperienze e mi insegnò come stare sopra una ragazza senza schiacciarla, come piegare le ginocchia senza fare il solletico. Ci incontravamo di nascosto nella sua casa in campagna. A differenza dei ragazzi più grandi della scuola che lo facevano in auto o, se non avevano la patente, in camera quando i genitori dormivano, io vantavo un vero letto e persino un camino acceso d'inverno. Serena era lunatica, scostante, spesso andava con altri ragazzi mentre ci frequentavamo, ma quando mi ha detto che si era stufata non mi sono incazzato. Non mi aspettavo certo che ci sposassimo, o che durasse qualche mese in più, ma quando mia madre è morta mi è stata vicina a modo suo. E poi, alla fine, Martina. Voglio dire, che casino, non che non mi piaccia, ma Alice… Quando lei mi guarda mi fa sentire uno in gamba, uno che può combinare qualcosa di buono. Così quando ci siamo sfiorati, o quando mi ha sorpreso a fissarla, mi sono sentito importante e volevo dirglielo, volevo dirle *Ok, non ci conosciamo ma grazie.*

Grazie, Alice.

Sono già passati venti minuti dalle sette, ma io aspetto e mi siedo davanti alla fontana, nel mezzo di piazza Navona. Dopo una settimana di pioggia torrenziale, il tempo ha concesso una tregua; da qui ho la visuale della piazza intera. C'è davvero tanta gente, così ogni tanto mi volto per cercarla, magari non mi ha notato qui seduto. E quando la vedo arrivare, quasi non ci credo. Si guarda intorno, potrei farmi vedere, alzarmi e raggiungerla, ma mi concedo di osservarla ancora un po' da lontano. I capelli lunghi che le arrivano alle spalle, il cappotto blu con i bottoni dorati, e l'aria nervosa. Quando mi vede, io d'istinto sollevo la mano e lei mi raggiunge.

«Sei venuta.»

«Avevamo un appuntamento.» Si siede e anche se c'è spazio al mio fianco, mette una distanza fisica tra noi che tento di ignorare.

«Sabato scorso, io, Alice...» ma le parole non vengono fuori.

«Vuoi davvero parlare di questo?» Mi guarda, ha gli occhi arrossati, le guance pallide.

«Stai bene?» Si guarda le mani e con la destra intrappola la sinistra. Sta tremando.

«È solo il freddo. Ti va di passeggiare?»

Senza risponderle, mi alzo e iniziamo a camminare. Schiviamo le persone, ci sorridiamo, ci fermiamo a guardare le bancarelle, le chiedo se vuole qualcosa. Fa cenno di no, è così bella che ho paura di toccarla. Ma le prendo la mano e come la prima volta le nostre dita si incastrano.

«So che mi hai visto» dico quando siamo in una stradina laterale, alle spalle del Tevere. Lei si ferma e si appoggia al muro di pietra. L'odore di castagne ci arriva insieme al rumore del Tevere ingrossato.

«Ti piace?» mi chiede, e so che sta parlando di Martina. Io mi avvicino, le chiedo il permesso con gli occhi, e poi l'abbraccio. La sento tremare tra le mie braccia. Abbraccio il cappotto e sotto le sue ossa sottili. Abbraccio i suoi capelli che sanno di menta, e le bacio il collo. Tremo un po' anch'io.

«È il nostro secondo appuntamento. Certo, al primo ho baciato un'altra, ma la ragazza dell'appuntamento sei tu.»

«Dovrei sentirmi lusingata?» dice ridendo.

«Io mi sento bene in questo momento, e tu?»

«Negli ultimi giorni sono stata un po' confusa, ma i nostri appuntamenti mi fanno bene.» La lascio andare e le strizzo l'occhio.

Camminiamo ancora, attraversiamo il Tevere, e arriviamo a Castel Sant'Angelo.

Potrebbero scambiarci per una coppia di veri innamorati, lei mi sorride e io sembro un rincoglionito.

«Ci verresti con me in un posto?» e l'idea mi viene così mentre glielo dico. Non ho mai voluto qualcosa così tanto come in questo momento, se non consideriamo che vorrei baciarla. Lei annuisce e mi segue alla fermata dell'autobus, non mi chiede spiegazioni. Ci sediamo in fondo, parliamo fitto, le indico la fontana di Trevi dove Francesco invece delle monetine, lascia i tappi della Coca-Cola, e prega di avere indietro la ricetta segreta. Le racconto di lui, della sua fissa per *Glee.* Mi dice che lo guarda anche lei, che lo trova carinissimo. Ecco, Francesco la adorerebbe in due secondi.

Quando arriviamo a casa mia, sono certo che mio padre non ci sia. Romina e Francesco sono nell'atrio del cortile condominiale a discutere: «Dovevi ripararlo tu per stamattina, sono le otto passate, è sabato e dobbiamo rimanere ancora qui». Indossano entrambi la tuta da meccanico, Romina sta sbraitando contro Massimo, così spero che non si accorgano di noi. Ma quando Massimo riconosce Alice, sbianca.

«Tu?»

«Potrei dire lo stesso, e non sembrare troppo deficiente.» Alice sorride. È sulla difensiva ma sorride.

«Mattia, che stai a fà?» È davvero nervoso. Romina

ride mentre continua a lanciare occhiate avvelenate ad Alice.

«Lei è Alice, non so se ve la ricordate.»

Massimo ride. «Non la dimenticherò mai.» Tende la mano e Alice ricambia. Romina si fa avanti.

«La ragazza del mistero ha un nome.» Alice sussulta, così le afferro la mano.

«Stavamo salendo a casa, ci vediamo dopo.» Loro ridacchiano e ci infiliamo nelle scale. Terzo piano.

«I tuoi non ci sono?»

«Mio padre di sabato è impegnato.» Per fortuna la casa ha un aspetto presentabile. Superiamo la cucina ed entriamo in camera mia.

«Secondo appuntamento e siamo già alla camera da letto?» Mentre lo dice si sfila il cappotto. Ha un vestito di lana corto azzurro, con le calze nere e gli stivali alla caviglia. Resto impalato a fissarla.

«Ebbene sì, sono come tutti i ragazzi di diciott'anni.» Si guarda intorno. E all'improvviso vorrei aver strappato via le foto di quando avevo quattro anni, e sono completamente nudo. Vorrei aver messo a posto i jeans che sbucano dalla poltrona blu. Almeno il letto è rifatto.

«L'hai fatta tu?» Fissa la parete più grande, di fronte al letto. È l'ala di una farfalla, un esemplare rarissimo, la farfalla ginandromorfa, che non ho mai visto da vicino. L'ho riprodotta da un'immagine stampata da un sito internet. Ma l'idea del rilievo è mia.

«La terza individuata nella storia di questo lepidottero, è stata esposta al museo di Storia naturale di Londra, vorrei andarci un giorno. Mi ha colpito perché una delle ali nella parte maschile è nera, mentre quella che vedi qui è l'ala femminile. È entrambe le cose contemporaneamente, ma è sterile. Una figata, vero?»

«Sei molto informato sull'argomento.» Con le mani segue la linea sulla parete dove il rosso si incontra con il nero cangiante. E poi è solo blu.

«Vorrei studiare questo un giorno.»

«È come se si muovesse, sembra un ventaglio» osserva rapita.

«Quando si dice i ragazzi e le loro collezioni di farfalle.»

«Sei simpatico, sai. Hai questo musone, invece mi fai ridere.»

«È bello il tuo sorriso.»

«E sai anche cosa dire, sempre.» Inizia a girovagare per la mia stanza minuscola. Vederla qui, dove mi vesto, mi deprimo, urlo o sbraito, mi rende nervoso ed eccitato.

«Quindi, studi, allevi farfalle e poi le disegni?»

«È solo uno schizzo, quando disegno riesco a riprodurre solo farfalle. È come se la mia mente ne fosse invasa.»

«Sei bravo, mi piace il modo in cui tieni la tua camera. La mia è ordinaria.»

«Potrei imbrattarti una parete.»

«Ci penserò.» Mi fissa e io vorrei solo stringerla ancora.

«Hai fame?» Annuisce.

Mi segue in cucina e io rovisto nel frigorifero.

«Prosciutto e mozzarella?»

«Va benissimo.» Taglio i panini e li riempio. Quando mi volto lei sta fissando la foto di mia madre sul ripiano. L'ho scattata io per i suoi quarant'anni. Io e mio padre le regalammo un corso di cucina gourmet, preso su Groupon. Era entusiasta. Ogni sabato si svegliava all'alba, prendeva la metro e andava a scuola di cucina in centro. In quel periodo sperimentammo dei piatti favolosi.

«È tua madre?» mi chiede dandomi le spalle.

«Sì.» Appoggio i panini e la Coca-Cola sul tavolo. Sono agitato.

«È davvero bella, e ti somiglia.»

«No, somiglio a mio padre» e lo dico quasi urlando.

«No, ti dico che hai il suo sorriso e la stessa forma delle labbra.» Si volta e mi fissa. Mi asciugo gli occhi con il dorso della mano. Lei mi raggiunge ma non dice niente.

«È morta sei mesi fa.» Alice chiude gli occhi e sospira. Poi con le dita mi sfiora l'accenno di barba. Appoggio la mano sulla sua ed è calda. Me la porto alle labbra e la bacio.

«Volevo che tu vedessi chi sono davvero, dove vivo, cosa vedo quando mi sveglio, a chi penso quando ho gli occhi lucidi.»

«Ti manca molto, vero?»

«Ogni giorno.» Mi dà un bacio sulla guancia, poi si volta e afferra un panino.

«E sai anche cucinare.» Mangiamo fino a essere sazi.

«Devo andare» mi dice alzandosi.

«Ti accompagno.»

«Non serve.»

«Credi che ti lascerei tornare a casa da sola?»

«Hai l'auto?»

«Non ho la patente, sai, non ho avuto ancora il tempo

di dare l'esame» mento. Chiamo Francesco dal telefono di casa.

«Ma non aveva la gamba rotta o qualcosa del genere?»

«Sta meglio.»

«Vivi con tuo padre?»

«Al momento ci incrociamo solo per caso. Era mia madre che ci teneva legati. Come un filo invisibile tra di noi. Io sapevo che era sottile. Ma sapevo che c'era. Quel legame, intendo. Quel tipo di legame che dovrebbe esserci in una famiglia anche se non si va d'accordo.»

«Un legame di sangue.»

«Vorrei rivederti. Presto.» Suona quasi come una sfida.

«Dici che è andato bene come appuntamento combinato?»

«Dico che dovremmo combinare così tutti i giorni da qui all'estate.»

«Cosa succede esattamente in estate?» chiede Alice ridendo.

«Io odio l'estate.»

«Credo di non conoscere nessun'altra persona a cui non piaccia l'estate.»

«Potrei cambiare idea, per un'estate indimenticabile.» Il telefono vibra. «Andiamo, è arrivato Francesco.»

«Non dovevi chiamarlo, davvero.» La prendo per mano e ci avviamo in strada.

Francesco arriva con la sua Panda poco dopo. Il freddo è pungente.

«Lei è Alice.» Abbiamo passato molte sere a parlare di lei.

«La ragazza che ti ha fatto perdere la testa.» Divento rosso e gli do un pugno sulla spalla.

«Alice, finalmente ti presento Francesco, il mio migliore amico scemo.»

«Ciao Francesco, mi dispiace per la tua gamba.»

«Non è niente, ho la pelle dura. Dove andiamo?»

«Viale Parioli, ti indico io la strada.»

«Tesoro, abito alla Garbatella ma ci so arrivare fino ai Parioli.» Alice mi lancia un'occhiata e sorride.

«Allora, a che puntata sei di *Glee*?» Francesco si illumina.

«Lo guardi?» le chiede tutto contento.

«Adoro Rachel e Finn.»

«Oh, chi non li adorerebbe.» Non so di cosa parlano, ma è uno spettacolo ascoltarli. «E il finale della seconda stagione? Dài, non si lascia la gente così» le fa Francesco.

«Non me ne parlare.»

«Venerdì vieni con noi?» le chiede guardandomi.

«Dove?»

«Non l'avevo ancora invitata, non ho neppure il suo numero» mi intrometto, seccato.

«Gliel'hai chiesto?»

«Guarda che è seduta dietro di noi.» Mi volto e lei mi fa la linguaccia.

«Chiediglielo» mi incalza Francesco.

«Alice, mi daresti il tuo numero?» dico in tono canzonatorio.

«Non ancora, campione, magari al prossimo appuntamento.»

«Che sarà?»

«Venerdì mi stavate invitando da qualche parte, o sbaglio?»

«È il mio compleanno. Andiamo a bere qualcosa in

centro e magari a ballare.» Guardo Francesco. L'ultima volta che ne abbiamo parlato, mi ha detto che per il suo compleanno non aveva voglia di fare granché.

«Ok» risponde Alice.

«Ha detto che viene.»

«Ci sento ancora.» Arriviamo ai Parioli, lei ci indica il cancello.

«Complimenti per la casa.» Francesco fischia quando arriviamo davanti all'ingresso.

«La mia è la seconda a destra. Grazie per il passaggio.» Scendo con lei e la accompagno al cancello.

«Allora non posso telefonarti?» Tiro fuori il mio cellulare, lei strabuzza gli occhi quando nota che non è uno smartphone. «Non vado d'accordo con la tecnologia» mi giustifico, ma lei sembra sollevata.

«Ma tu quanti anni hai davvero? Dammi qua.» Mi prende il cellulare dalle mani e ci segna il suo numero. «Ci vediamo venerdì?» mi chiede.

«Alice, io...» Lei mi poggia una mano sulle labbra, e subito dopo mi bacia. Solo una lieve pressione, ma sento il cuore che mi martella nel cervello. Potrei trattenerla, potrei baciarla ora e tenerla stretta. Invece la lascio andare e resto a guardarla.

GIULIA

Quando ho visto il suo cellulare non ci ho pensato due volte a dargli il mio numero.

Senza uno smartphone non si accorgerà che non sono chi dico di essere. Che non sono lei.

Ho avuto paura. Paura che scoprisse la mia bugia.

Mio padre è in cucina, ha l'aria rilassata e sta affettando dei pomodori.

«Mangi con me?»

«Ho già cenato.»

«Con Maura?» mi chiede senza guardarmi.

«Sì, con Maura.»

«Peccato, ha chiamato cinque minuti fa chiedendo di te. La prossima volta mettetevi d'accordo meglio.» Mi fissa ma non è arrabbiato.

Faccio il giro della penisola e lo aiuto con i cetrioli. Le manie salutiste di mia madre l'hanno contagiato. Si è iscritto addirittura in piscina. Peccato che abbiano una figlia che adora le patatine fritte con l'olio scadente.

«Allora, dov'eri?»

«A casa di Mattia.»

«Un tuo nuovo amico?» Sorrido e lui fa lo stesso di rimando.

«Lo conosco da poche settimane.»

«Ed eri già a casa sua.»

«Non è quel genere di cosa, ok? Voleva solo parlarmi delle farfalle» e mentre lo dico scoppiamo a ridere. «Papà, fa l'allevatore di farfalle, non so se esiste davvero, ma se esiste allora può essere fatto solo come Mattia.» Lui annuisce.

«Allevatore di farfalle, sveglio il ragazzo.»

«La mamma?»

«Da Elena, serata di poker. Domani richiama Maura, è davvero una buona amica.» So che mio padre ha ragione, ma la verità è che non sono ancora pronta a farmi una nuova amica. Nei libri si parla solo dell'amore, di come la giovane sventurata sia dilaniata dalla morte del suo principe azzurro. Ma che si fa quando a morire è la tua migliore amica? Nessuno dice niente al riguardo.

«Sicuro.»

Il mio cellulare vibra. È un messaggio da un numero che non conosco: *Sto già contando i minuti fino a venerdì.* Sorrido. Torno a mio padre.

«Pensi anche tu che sia pazza?»

«Chi lo pensa?»

«La mamma, non me l'ha detto ma mi guarda con quell'aria delusa.»

«È solo preoccupata.»

Più tardi, dalla mia camera li sento discutere.

«Dovresti sostenerla, non trattarla come una pazza. Lei sta ricordando, non le serve la tua pietà.» Sono sorpresa quando mio padre alza la voce con mia madre, e ancor di più del fatto che la cosa mi piaccia.

«È di questo che ti preoccupi, che ricordi?»

«No, mi preoccupo per mia figlia, ha sedici anni, cazzo. E la prossima volta la accompagno io da Angela.» È davvero insolito che mio padre la contraddica. Appunto mentalmente di ringraziarlo.

E poi chiudo la porta, accendo il pc e rispondo al messaggio di Mattia.

Ci conosciamo? e aggiungo la faccetta sorridente. Poi mi ricordo del suo cellulare, che non capirà, e così rettifico: *Era una faccia sorridente.*

Ragazzina viziata dei Parioli che abita in una casa superbella, il mio cellulare mi permette di tenerti sveglia di sabato sera.

Sei a casa?
Al sicuro da qualsiasi spasimante. Beata me, buona notte.
Notte, Alice.

Così non mi sorprende che la notte sogni di lui. Siamo nella sua stanza, ci stiamo baciando e le sue mani sono su di me. Lui mi toglie la maglietta e sussurra, *Giulia, Giulia*. Io mi fermo e lo guardo smarrita.

«Come fai a saperlo?»

«Me l'ha detto lei.» Lui ha ancora le mani sul mio seno, quando volta lo sguardo. E la vedo. Alice è in piedi in un angolo, proprio sotto l'ala della farfalla che ha dipinto Mattia. Indossa un vestito lungo, bianco, leggero che lascia vedere la sua pelle bellissima. *Sembra una regina, la regina delle farfalle.* Io mi alzo dal letto e mi avvicino.

«Allora, Giulia, ti eri dimenticata anche di questo?» E in un attimo il vestito immacolato si macchia di rosso. Il sangue è ovunque. Faccio per sostenerla, ma lei si porta le mani al cuore. E muore come ogni volta.

«Dormito male?» mi chiede Angela, abbassando il volume delle casse.

«È da tre notti ormai che la sogno.»

«Alice?» Annuisco. Sulla scrivania ci sono dei biglietti per il teatro. ANTEPRIMA NAZIONALE, c'è scritto in rosso.

«Vai a vedere la *Tosca*? Mia madre ci ha trascinato mio padre ieri sera.» Ripenso a loro due vestiti di tutto punto, ma che non si scambiavano neppure una parola.

«Oh no, è il balletto, Sylvie Guillem» mi dice, come se avesse senso per me.

«È brava?»

«La migliore.»

«Danza classica, morte del cigno, roba così?» Lei fa sì con la testa.

«Un tempo ballavo» dice tra un sospiro e l'altro. Ora capisco perché ha un fisico così perfetto. E la vedo, su un palco a luci spente. Lei che balla e tutti che la fissano ammutoliti.

«Ed eri brava?»

«Non ho avuto il tempo di scoprirlo.»

«Ti sei fatta male? Ho letto un articolo su una ballerina bravissima, che è caduta durante le prove e ha smesso di ballare perché aveva troppa paura. Ci crederesti?» Mentre lo dico i suoi occhi tristi guizzano per la stanza alla ricerca di un punto da fissare. Poi prende gli occhiali e se li infila.

«In un certo senso sì. E poi sono diventata vecchia per ballare. Allora, parlami del sogno.» Tira fuori la solita agenda.

«È imbarazzante.»

«Ti imbarazza parlare con me?»

«Io e Mattia eravamo a casa sua.»

«L'hai rivisto?»

«Sì, sabato sera mi ha portata a casa sua, nella sua stanza.»

«Caspita.» Fischia, addirittura, e ridiamo.

«Ma il sogno supera la realtà.»

«Raccontami.» È di nuovo professionale.

«Sabato da lui non è successo niente, voglio dire, sono stata io a baciarlo. Solo un bacetto. Ma lui è incredibile.» Ripenso ai messaggi che ci siamo scambiati in questi giorni e con la mente torno a quel momento in cui ho posato le mie labbra sulle sue.

«Parlami del sogno.»

«Eravamo in camera sua, e sì, ci stavamo baciando e le cose ci sono sfuggite di mano. Dio, era così reale.»

«L'avete fatto in sogno?»

«Noooo! A un certo punto lui mi chiama con il mio vero nome. *Giulia*, mi dice. E poi è comparsa Alice. Se ne stava lì in piedi a fissarci. Aveva un abito bianco ed era bellissima.» Mi asciugo gli occhi. Angela prende una bottiglia di acqua e mi passa un bicchiere. Bevo a grandi sorsate.

«Del sogno ricordi più l'attrazione per Mattia o Alice?»

«Ricordo le sue parole.» Angela non smette di scrivere mentre mi fissa.

«Quali sono state?»

«*Ti eri dimenticata anche di questo?* E poi è morta.»

«Quest'immagine ti evoca qualcosa?»

«No, so solo che lei ce l'ha con me.»

«Per cosa?»

«Non lo so, è sempre incazzata o delusa.»

«Forse si riferiva ai tuoi vuoti di memoria» suggerisce.

«Ma io non ricordo. A parte quello che ti ho detto, non ricordo altro.» Mi prendo la testa tra le mani. «È tutto qui» sussurro massaggiandomi le tempie.

«Lo scopriremo.»

«Credi che quando lui lo scoprirà non mi vorrà più?»

«È una bugia bella grossa, ma da quanto mi hai detto Mattia non è un tipo rancoroso.»

«Ha perso sua mamma, sei mesi fa.»

Lei si sfila gli occhiali. «Tutti perdiamo qualcuno, prima o poi.»

«Sono senza speranza, vero?»

«Quello che ti è successo è ancora così reale, così presente, che è normale che condizioni la tua vita.»

«Fino a farmi diventare una bugiarda?» Ho di nuovo le lacrime agli occhi.

«Hai fatto delle sciocchezze.» Lei si alza e viene dalla mia parte della scrivania.

«Vorrei che tenessi un diario» mi dice piano, «giorno per giorno, scrivici tutto quello che ricordi.»

«Ok. Buona serata a teatro.» Mi alzo.

«Grazie.» E quando chiudo la porta la musica si interrompe.

Il giorno dopo mi avvio a scuola senza aspettare Maura, ma le mando un messaggio dicendole che ci vedremo all'uscita. Arrivo in classe prima degli altri, c'è solo qualcuno in fondo all'aula che sta ripassando. Sul mio banco c'è una cartellina rossa e sopra un biglietto, *Gli appunti di storia dell'arte.* La apro e dentro ci sono dei fogli impilati scritti a penna, e altri fotocopiati dal libro. Non è firmato, ma quando Antonio entra e mi strizza l'occhio so che è stato lui. Non abbiamo mai parlato direttamente, solo qualche battuta tra i discorsi degli altri. Ma da quando Alice è morta, direi che non ho socializzato molto con i miei compagni. Antonio si infila nell'angolo alla mia destra. È un tipo brillante, non è un secchione ma è sempre preparato. Scrive per il giornale del liceo, e nonostante sia uno di prima liceo, è molto popolare.

Alla fine delle lezioni resto al mio posto, e quando la classe si è svuotata, mi avvicino. Ha un cappellino da baseball, e dato che siamo in Italia e non giochiamo a baseball, lo trovo bizzarro, ma non glielo dico.

«Grazie per gli appunti.» Si stringe nelle spalle come se fosse una cosa da niente.

«Ho pensato che ti facessero comodo.»

«Mi hai salvata da una giornata in compagnia del libro.»

«Se ti va, ogni tanto possiamo studiare insieme.» Mi sorpassa e si avvia alla porta come se non stessimo avendo una conversazione. Ha le spalle larghe, è più alto di me, ma questo si può dire praticamente di chiunque, e i capelli ricci e scuri gli sfuggono dal berretto.

«Ok» balbetto e non so se ci sta provando.

«E ti sta bene quel colore» dice indicando i miei capelli.

«Oh, li ho solo schiariti.» Se ne è accorto. Mi sorride e se ne va.

Sulla porta compare Maura.

«Ci stava provando?» Ha un sorrisetto sulla faccia che non mi piace.

«È stato solo gentile» e le indico la cartella con gli appunti.

«Io non ci troverei nulla di male, se ti piacesse.»

«Ma non mi piace» le dico troppo brusca.

«È davvero figo.» Vorrei poterle dire che sì Antonio è figo, intrigante, ma sono cotta di Mattia. Vorrei poterle raccontare di quando mi tocca e io mi sento di pastafrolla, di come non abbia mai creduto a queste scemenze e invece sta succedendo proprio a me. Ma non è lei la persona a cui vorrei dire tutto. Così rimango zitta.

«Non mi va di uscire con nessuno in questo momento.»

«Certo» borbotta. Facciamo un pezzo di strada in silenzio.

«Martina è disperata, ieri l'ho sentita e non si capacita che Mattia l'abbia scaricata» mi dice per rompere il silenzio.

«Davvero?» chiedo indifferente.

«Sì, lei è proprio andata ma lui le ha fatto capire che non c'è storia.»

«Magari non è il suo tipo» ribatto.

«Martina è il tipo di chiunque. Lei crede che ci sia di mezzo un'altra.» Soppesa la mia espressione in maniera strana. Io tossisco.

«Chi?»

«Tempo fa usciva con questa Serena, una tipa sveglia. Cioè, una zoccola, la dava a tutti. Sono usciti insieme un bel po'.»

«Perché hanno smesso di vedersi?»

«Lei avrà trovato qualcun altro…»

«Ho mal di testa» dico ad alta voce solo per cambiare argomento.

«Ci vieni con me dopo al cinema? C'è l'ultimo di Matt Damon, ci accompagnano i miei.» Diventa piccola piccola, mentre mi invita e si aspetta un altro no.

«Ok.»

«Davvero?» È sorpresa.

«Certo.»

Si Catilina sese eiecerit secumque suos eduxerit. Sono immersa nella traduzione della versione di Cicerone quando squilla il telefono.

«Ehi.»

«Disturbo?»

«Studiavo.»

«In effetti sei il tipo da studio matto e disperato.»

«Macché, un amico mi ha salvata con i suoi appunti.»

«Un amico?» La sua domanda mi fa sorridere.

«È un compagno di classe, Antonio, che si è offerto di studiare con me.»

«Che premuroso.»

«Geloso?»

«Tu che dici, non ho il permesso di vederti fino a venerdì e questo tipo può studiare con te?»

«Decisamente sei geloso, dovrò ricordarmelo. Come va con Martina?» lo stuzzico.

«Fra un po' chiama la polizia.»

«Dovresti parlarle.»

«Capirà da sola.»

«È così che hai fatto con Serena?»

«Qui qualcuno è a caccia di informazioni» e lo dice ridendo. «Senti, oggi ho un impegno, roba di scuola, ma domani possiamo vederci e parlare di questi personaggi secondari o magari di farfalle?» Sorrido.

«Sei incredibile.»

«È un sì?»

«Sì.»

«Grande. E tu sei più che incredibile. Ti scrivo dopo.»

«Ok, ciao.»

E quando chiudiamo la conversazione ho un sorriso enorme. Sto scaricando la posta da Gmail, quando mi arriva un messaggio da Antonio: *Domani dopo scuola ci prepariamo al compito di inglese?*

Dovrei dirgli che vedrò il mio ragazzo, ma sarebbe sbagliato visto che Mattia non è il mio ragazzo. Decido di pensarci su, quando trovo un messaggio vecchio nella posta in arrivo. Dopo la sua morte, ho spostato nell'archivio tutti i messaggi che ci mandavamo. Non volevo che sparissero, che non ce ne fosse più traccia, ma non potevo neppure lasciarli lì, continuavo a rileggerli e a sentire un dolore al petto che a volte mi toglieva il respiro. È datato 9 aprile. Il giorno prima del suo ultimo giorno.

Lo dirò ai miei genitori, ho paura Giulia. Hai ragione, devono saperlo. Solo loro possono aiutarmi.

Ti voglio bene.

Alice

E poi ricordo.

Siamo a casa sua, nella sua camera. Fuori piove, sentiamo la pioggia battere sul tetto, ci piace addormentarci così. Ma stasera lei è irrequieta, dice di non avere sonno, così siamo sotto il piumone a occhi spalancati.

«Ci pensi mai alla morte?» mi chiede con la voce smorzata. Una finestra sbatte da qualche parte nella casa. Dei passi si avvicinano.

«Come ti viene in mente?»

«Rispondi.»

«No, voglio dire, non mi capita mai.»

«Devo dirti una cosa.» Si alza e accende l'abat-jour. Sembra un fantasma. Il pigiama azzurro con le caramelle colorate. Io mi metto a sedere sul letto.

«Che fai?»

«Zitta.» Tira fuori una lettera dal cassetto della scrivania e me la porge. «È l'ultima che mi ha mandato, leggila.» Sta tremando.

«Hai detto che non ce n'erano altre.»

«Ho mentito. Leggila.» Parola dopo parola, l'orrore si dipinge sul mio volto e quando finisco sto tremando anch'io.

«Non devi crederci.»

«Io ci credo già.»

«Ti prego, Alice, non sai neppure chi sia questo tizio.»

«Ho fatto delle ricerche. Mia madre, quella vera, aveva questa malattia.»

«Ehi, non lo sai. Non lo sai se è vero. È solo scritto qui.» Mi alzo anch'io. Alice intanto piange. Non l'ho mai vista così, è scossa da tremiti, sembra sul punto di vomitare. Mi guarda.

«Giulia, io lo sento.»

«Cosa?»

«Sto per morire.»

Non ricordo di avere chiamato il taxi. Non ricordo il momento in cui ci sono salita. Ho la vista annebbiata, le mani sudate. E mentre do l'indirizzo al taxista, Alice è seduta al mio fianco, mi tiene per mano. Naturalmente ricambio la stretta.

Capitolo VIII

MATTIA

Quando avevo dieci anni mi procurai un grosso taglio alla testa giocando nell'officina del padre di Romina. Lei indossava già allora la solita tuta, Massimo montava e rimontava il pezzo di un motore fingendo che avessimo una Ferrari. Io scivolai sotto un'auto per nascondermi, e quando ne uscii sentii il sangue scorrermi sulle mani. Ebbi paura e corsi da mia madre. Lei mi ripulì dal sangue e mi medicò senza rimproverarmi.

Quando mi attaccò il cerotto sulla testa mi sentii protetto, come se il pezzo che avevamo rimontato fossi proprio io, nuovo di zecca. Quando Alice mi ha baciato, ho riprovato la stessa sensazione. Mi sono sentito rinato, come se qualcuno stesse risanando le mie ferite. Ripenso a quel bacio la domenica e anche il lunedì a scuola, con Francesco che continua a sfottermi di non averla afferrata e baciata a dovere.

Martina è in agguato da qualche parte, così dopo l'ultima ora di matematica mi infilo in biblioteca e riordino i libri restituiti.

Francesco mi fa compagnia, finendo la versione di latino anche per me. Quando ci avviamo all'uscita, lui si immobilizza e inizia a guardarsi intorno. Io faccio lo stesso, e noto Claudio appoggiato all'ingresso della palestra. Non si parlano più dall'incidente. Viene verso di noi con la solita andatura incerta e l'aria sconsolata. Ma quando intercetta lo sguardo di Francesco tutto cambia, e un sorriso gli si allarga sulla faccia. Francesco si accende una sigaretta, anche se in teoria siamo ancora dentro la scuola.

«Ciao.» Claudio mi rivolge un sorriso.

«Ehi» lo saluto anch'io e mi rivolgo a Francesco, «ti aspetto qui fuori.» Francesco sta sbuffando fumo senza dire una parola. Il corridoio è deserto.

«Come stai?» dice Claudio rivolgendosi con il corpo intero a Francesco.

«Meglio, che vuoi?» gli risponde lui, duro.

«Possiamo vederci stasera?»

«Io non ho niente da dirti.»

«Io sì, per favore.»

«Quando dovevi parlare non hai parlato, ora è tardi.» Claudio si avvicina e gli passa un braccio intorno al collo tirandolo a sé. Vedo Francesco scomparire in un abbraccio goffo.

«Lo dirò a mio padre.» Si guarda intorno. «Mi manchi.» Francesco si divincola e la sua faccia è una maschera di dolore.

«È tardi.» Mi raggiunge lasciandolo lì.

«Francè, per favore, ti aspetto stasera, al solito posto.»

Claudio alza la voce e la cosa mi fa sussultare. Francesco non risponde e mi trascina fuori.

Non diciamo niente fino a casa sua. Saliamo. I suoi sono all'edicola. Ci sediamo sfilandoci gli zaini.

«Dovresti andarci» mi decido a dirgli.

«Non ci penso nemmeno.»

«E invece vuoi andarci, ma sei orgoglioso.»

«No, sono stanco, è diverso, non me lo merito uno così.»

«È spaventato.»

Lui mi guarda con gli occhi tristi. «E io, io non lo ero, quando ero a terra in quel vicolo a prendermi i calci anche per lui?» A differenza di molta gente che conosco, Francesco piange in silenzio, quasi non me ne accorgo, si asciuga in fretta con la manica della felpa. «Anche io devo fare i conti con mio padre» dice dopo un po'.

«Tuo padre lo sa?»

«Secondo te ha creduto alla storia della caduta?»

«Che ti ha detto?»

«Da quando sono tornato mi guarda in quel modo, capito, no?»

«Francè, è tuo padre...» cerco di rassicurarlo.

«Come cazzo faccio, come faccio a spiegarglielo?» alza la voce e quando se ne accorge mi chiede scusa con lo sguardo.

Si aggira per la casa come un animale in gabbia. È molto simile alla mia, casa sua, solo arredata con mobili più costosi. Ci fermiamo davanti alla teca dove il padre custodisce i suoi fumetti.

«Ogni sera parlavamo di Wolverine, o dell'Uomo Ragno, non gli piace vedere i film che ne fanno, dice che non rispecchiano i fumetti. Da quando ho dovuto dirgli che mi avevano picchiato e ha intuito il perché, non mi chiede più *Francè, quale preferisci?*, *Francè, questo te lo ricordi?* Come se un gay non potesse avere un supereroe preferito. Magari ha paura che risponda: "Sì, papà, mi piace Catwoman, ha un gran bel costume". E credimi, lo penso davvero.» Ridiamo.

«Non deve essere per forza così.»

«Può essere solo così.»

«Senti» comincio.

«No, no ascoltami.» Io annuisco.

«Immagina che tu veda Alice e muori dalla voglia di correrle incontro, di carezzarle i capelli, di baciarla. Immagina di farlo. Cazzo, togliti quell'espressione dalla faccia.» Scuote la testa. «Comunque, la baci, o magari le stai solo aggiustando il bottone della camicia. Una volta l'ho davvero fatto. Con Claudio. Era all'inizio. Avevamo dormito in camera sua, zitti, senza far rumore. A ogni movimento fissava la porta. Comunque, la camicia, gliela stavo sistemando. E lui non mi ha fermato. Ma immagina che per questo gli altri ridano, che tuo padre smetta di parlarti. Immagina che per questo ti rompano una gamba.» Lui aspetta una mia risposta.

«Hai ragione, fa davvero schifo.»

«Già. Ti va una puntatone di *Glee*? È una replica, Rachel ha litigato con Finn, e cantano questa canzone e ti piacerà, vedrai.» E senza aspettare la mia risposta accende la tivù e ci tuffiamo sul divano.

Il giorno dopo Francesco è distratto, cerco il suo sguardo più volte mentre la prof di inglese ci parla di Mary

Shelley, ma non mi dà retta. Lo vedo agitarsi sulla sedia, ha gli occhi arrossati, magari alla fine ci è andato da Claudio.

«Oh, ma che hai?»

«Ci sono andato.» Bingo. «E lasciatelo dire, in fatto di consigli d'amore fai davvero schifo.»

«È andata male?»

«Dice che parlerà con suo padre, ma non gli credo.» Si ferma e respira. «Sai quante volte me l'ha promesso?»

«Ok, io oggi devo andare da Angela, ma dopo passo da te.»

«Angela?»

«La psicoterapeuta.»

«Caspita, siamo in confidenza.»

«È una ok.»

«Ci vediamo dopo.»

Angela è seduta sulla poltrona e mi dà le spalle. Non pare accorgersi di me neppure quando mi siedo, così resto in silenzio.

«Ehi.» Quando si volta mi aspetto di vederla triste o preoccupata, invece mi rivolge il più sincero dei sorrisi come sempre.

«Allora, ti stai tenendo alla larga dai guai?»

«Se parli di Felice, l'ho incontrato ieri, e non ci siamo neppure guardati.» Non è andata proprio così, ci siamo scontrati nel corridoio, mi ha lanciato un'occhiata carica di odio, ha bestemmiato e poi se n'è andato.

«Quindi stai controllando la tua rabbia?»

«Direi che sono distratto da altre cose.»

«Hai rivisto Alice?»

«Sì, e la rivedrò domani. Le ho parlato di mia madre. Per tutto il tempo che lei è stata a casa mia, avrei voluto baciarla, ma mi sono trattenuto. Sai, non volevo fare la figura del diciottenne con l'ormone a manetta. Ma poi è stata lei a baciarmi e mi sono sentito un idiota.» Lei ride.

«Ridi di me?»

«Sei molto dolce.»

«Credi che sia un incapace?» Sprofondo nella sedia.

«Credo che ti piaccia molto, ma ci vai piano.»

«In parte dipende anche dal fatto che ha sedici anni.»

«Credi che non abbia mai avuto un'esperienza sessuale?»

«Perché, tu credi di sì?»

«Di che parlate?»

«Ti pare che le vado a chiedere se è mai stata con un ragazzo?»

«E lei te l'ha chiesto?»

«Non direttamente. Ma io, ecco, sono stato solo con una ragazza più grande di me.»

«E ti imbarazza?»

«Be', i miei compagni a diciotto anni si sono fatti mezzo liceo.»

«Magari è solo quello che dicono. E tuo padre, gli hai parlato di Alice?»

«A stento ci salutiamo.»

«Mattia, vorrei che tu mi descrivessi il rapporto con tuo padre prima della morte di tua madre, ti va?»

Sentiamo dei rumori provenire dall'esterno. Angela si agita sulla sedia e abbassa la musica. Andrea sta urlando qualcosa, e poi la porta si apre e lei compare.

Alice ha gli occhi arrossati, le guance rigate di lacrime,

lo sguardo assente. Confuso mi alzo. Angela si porta una mano alla bocca. Impreca prima a bassa voce, poi perde la calma.

«Cazzo» grida. Andrea irrompe nella stanza. Non ci capisco niente ma non parlo. Alice se ne sta sulla porta e ci fissa. Non mi ha riconosciuto. Angela le va incontro.

«Vieni, siediti» le dice come se la conoscesse bene. Ma Alice non si muove, allora Angela la afferra per le braccia, e crollano sul pavimento. Poi Angela mi guarda, ha l'aria mortificata.

«Scusami» sussurra, e poi torna a fissare Alice.

«Giulia, Giulia, parlami» le urla. E io non ci capisco davvero più niente.

GIULIA

Una volta Alice mi disse che da grande voleva diventare medico. Io, invece, cambiavo idea continuamente. Un giorno mi vedevo biologa, l'altro insegnante di lingue. E poi c'è stata la storia dell'archeologa che è durata il tempo di capire che avrei dovuto studiare latino anche dopo il liceo. Ma lei era rimasta ferma nella sua decisione, aveva iniziato a riempirmi la testa di parole difficili e malattie che non avevo mai sentito nominare. Sarebbe stata un medico attento, preciso e sicuro di sé. E i suoi pazienti avrebbero fatto la fila per farsi visitare, solo per vederla. Sarebbe stata geniale, magari avrebbe fatto delle scoperte sensazionali. Sarebbe stata questo e mille altre cose che adesso non esistono da nessuna parte. Perché lei non esiste più.

È ad Alice che penso mentre Angela grida il mio nome. Ma io non la ascolto, non sento niente quando mi caricano sull'ambulanza e mi infilano un ago nelle vene. Non mi accorgo che Mattia mi guarda andar via con l'espressione più triste del mondo o che mio padre mi segue con l'auto. Dormo per un tempo indefinito. Vedo Alice, la sento respirare sulla mia spalla. Al buio, chiedo scusa a Mattia e quando credo di essere morta, mia madre piange e mi tiene per mano.

Quando riapro gli occhi, ci metto un po' ad abituarmi alla luce. Sono viva, è il primo pensiero coerente che riesco a formulare, mentre un medico parlotta con mio padre e un'infermiera mi sente il polso. Mia madre non smette di carezzarmi e ora che riesco a vederla, noto che ha gli occhi gonfi e le labbra screpolate.

«Mamma, quanto tempo ho dormito?» Lei mi lascia la mano e prende a guardarmi preoccupata.

«Tesoro, come ti senti?» chiede mio padre.

«Ho sete.» Il medico annuisce e l'infermiera riempie il bicchiere e me lo porge. Il dottore sarà sulla cinquantina, è basso e calvo. Ma ha un sorriso rincuorante. Si avvicina al letto. Con una lucina mi guarda negli occhi sollevandomi le palpebre. Le sue mani sono così fredde che vorrei scostarmi.

«Allora, Giulia, sai dirmi che giorno è oggi?»

«Da quanto tempo sono qui?»

«Sei arrivata ieri sera.»

«È il 30 novembre 2012» rispondo senza indugio.

«Bene, come ti senti?»

«Stordita.» Mi guardo intorno.

«Quando sei arrivata eri sotto shock.»

«Posso andare a casa?» Ho una voglia matta di farmi una doccia e sdraiarmi sul mio letto.

«Non stanotte.» L'infermiera mi aiuta a sollevare la testa, bevo un sorso d'acqua. Ho la gola in fiamme.

«Domani?» chiedo speranzosa.

«Vedremo.» Il dottore esce dalla stanza e mio padre lo segue. L'infermiera sistema la flebo.

«Mi hai fatto spaventare così tanto.» Mia madre riprende a piangere.

«Io... non ricordo.» E questa verità mi fa così male che vorrei addormentarmi di nuovo. Bussano alla porta, è una stanza privata, non c'è nessun altro paziente a parte me. Angela entra senza parlare, prende l'unica sedia e la avvicina al letto. Mi guarda preoccupata.

«Mamma, posso parlare con Angela?» la imploro con lo sguardo.

«Giulia, ti sei appena svegliata, devi riposare.» Mia madre non accenna a lasciarmi la mano.

«Ti prego.» La vedo cedere anche se è combattuta.

«Sono qui fuori.» Angela le fa un cenno con la testa.

«Ricordi qualcosa?» mi chiede appena siamo sole. Scuoto la testa.

«Partiamo dall'inizio.» Mi sembra di essere nel suo studio e mi aspetto di veder spuntare la sua agenda. Invece ascolta e basta.

«Ero a casa e poi nel tuo studio. Non so come ci sono arrivata.»

«Cosa facevi a casa?»

«Studiavo, avevo appena parlato con Mattia.» Mi porto una mano alla bocca. C'è qualcosa di tremendo che non ricordo.

«C'era anche lui, te lo ricordi?» E lo vedo nello studio di Angela che mi fissa sconvolto. Annuisco.

«Che ci faceva lì?»

«È un mio paziente» dice asciutta. E il mio mondo smette di girare.

«Cosa?» Non riesco a crederci.

«Questo non è rilevante, ci torneremo in seguito. Sicura di essere pronta?»

«Mai stata così sicura.» Sono ancora sotto shock per Mattia, ma voglio sapere ogni cosa.

«Quando sei arrivata da me eri sconvolta. Continuavi a ripetere il nome di Alice, poi hai perso i sensi.»

Frugo nella mia mente, mi appiglio a ogni immagine. La corsa, il taxi, le lacrime, Mattia. E quando ricordo non lo dico subito. Mi sento così debole, come se avessi corso con un segreto nel petto. Ed era così pesante.

«Lei lo sapeva, sapeva che stava morendo. Che era malata. E io l'ho dimenticato» dico d'un fiato. «Aveva letto le lettere e sapeva di dover morire. Come ho fatto, Angela?»

«Non hai potuto aiutarla perché lei è morta.»

«Il giorno dopo» mormoro. «Ho dormito a casa sua, poi ci siamo separate. Mi ha mandato una mail in cui diceva che avrebbe raccontato tutto ai genitori. E quando l'ho rivista è stato per l'ultima volta.» Incastro i pezzi, l'uno dopo l'altro.

Ma questo non basta a farmi sentire meno in colpa. «Io ero l'unica a sapere e non ho fatto niente.»

«Quando ho chiamato l'ambulanza, ho avuto davvero paura» mi dice fissando la finestra.

«Mattia non è venuto.»

«Giulia, lui lo sa, sa che gli hai mentito, sa come ti

chiami. È un mio paziente, ma anche tu lo sei. Be', questo non doveva succedere. Ma a volte il destino ci si mette di mezzo. Comunque risolverò questa cosa, non devi preoccuparti.»

«Gli hai raccontato di Alice?»

«Segreto professionale. Gli ho solo detto dove poteva trovarti.»

«Ma non si è fatto vedere.»

«Devi riposare.» È sinceramente preoccupata per me.

«Ho paura.»

«Lo so.»

L'infermiera torna per togliermi la flebo e poi entra mia madre con un brodo vegetale. Ho fame, così lo bevo tutto. Insiste per restare qui con me, ma è così stanca che la mando via, rassicurandola che non mi muoverò e chiamerò l'infermiera se ne avrò bisogno. L'infermiera è giovane, forse è ancora una studentessa. Un crollo nervoso, è questo che ho avuto. Angela mi ha spiegato che ero così stressata che la mia mente è andata in blackout. Le ho chiesto se mi daranno delle medicine. *Forse*, ha risposto.

Andare da una psicoterapeuta e parlare di come ti senti, del ragazzo che ti piace, della tua migliore amica morta è un conto. Ma dover prendere dei farmaci rende tutto molto più serio. Sto rileggendo *Orgoglio e pregiudizio* quando lui entra e mi fissa. Il respiro mi si spezza. E solo ora mi rendo conto delle mie condizioni. Indosso una camicia da notte lunga e rosa a maniche corte, i capelli raccolti in uno chignon sulla nuca. Sono impresentabile. Mattia si avvicina al letto, io mi sollevo mettendomi seduta.

«Non credevo venissi.»

«Sono venuto qui anche ieri, quando ti hanno portata con l'ambulanza. Cazzo, che paura.» Ha una giacca a vento su una tuta blu. Sembra essersi vestito di corsa, ma rimango a fissarlo.

«Sei arrabbiato?»

«Alice» dice solo e poi si zittisce. Si passa una mano tra i capelli.

«Lo so, sono stata una scema.»

«Perché mi hai mentito? Perché non mi hai detto il tuo vero nome? Angela non ha voluto dirmi niente ma io sto impazzendo.»

«Be', siamo in due.» Lui non dice niente, così prendo coraggio. «Alice era la mia migliore amica. È morta ad aprile, per strada. Io ero con lei. Vivevamo in simbiosi, dove lei andava io correvo. Quando è morta ho smesso di parlare e mi hanno mandata da Angela. Poi ti ho conosciuto e quella sera davvero avrei voluto essere lei. Lei avrebbe saputo cosa fare con un ragazzo come te. Ma io no, non lo sapevo. Non mi era mai successo prima.» Lo fisso ma il suo sguardo non tradisce emozione.

«Avrei voluto che fossi sincera.»

«Volevo dirtelo, ero lì lì per dirtelo ogni volta e poi...»

«Ti ho portata a casa mia, ti ho fatto conoscere Francesco e ti ho raccontato di mia madre. Sai quanto ho pensato a te?» Mi dà le spalle e cammina per la stanza.

«Lo so.»

«No, non lo sai. Non ti conosco neppure.» Ha ragione.

«È solo un nome» gli dico alla fine.

«Come è morta?»

«Una malattia al cuore, l'aveva scoperto poco prima di morire.»

«Perché eri così sconvolta quando sei arrivata da Angela?»

«Ho dimenticato parecchie cose di Alice, di me, e le sto ricordando a poco a poco. Un'amnesia.»

«Come dopo una botta in testa?»

«Più o meno.» Mattia si avvicina alla porta.

«Non dovevo venire» dice, triste.

«Sono contenta che tu sia qui.» Mi alzo e gli sono di fronte. Barcollo, ma quando gli sfioro il braccio sono sicura di fare la cosa giusta. «Ho dimenticato delle cose e Angela mi sta aiutando. Lo so che non giustifica quello che ho fatto, ma puoi cercare di perdonarmi?» È teso. Poi mi guarda davvero, mi fissa e arrossisce. E io mi sciolgo. Gli vado incontro, un altro passo e lui mi prende tra le braccia.

«Quando sei arrivata da Angela, non credevo ai miei occhi» sussurra.

«Due sfigati che vanno da uno psicologo è triste, ma andare dallo stesso...» Ridiamo.

«Mattia.»

«Sì?»

«Tienimi così.» Lui mi sostiene tra le sue braccia, ho mal di testa, le gambe molli e le braccia senza forze, ma non mi sono mai sentita così viva. Poi si scosta e io ho paura che ci abbia ripensato, che non mi perdonerà mai. Mi tende una mano e io non colgo subito il senso.

«Piacere, Mattia» dice, come se fosse entrato ora nella stanza e mi vedesse per la prima volta.

«Giulia» dico quasi urlando stringendogli la mano. «Mi chiamo Giulia e sono felice di conoscerti, di nuovo.»

Capitolo IX

MATTIA

Giulia dorme profondamente quando la luce comincia a filtrare dalle tende verdi. Ha la testa sul mio braccio, i capelli sparsi sul cuscino, le gambe piegate. Quando scendo dal letto cerco di non svegliarla. Devo andare via prima che arrivi sua madre, potrebbe venirle un infarto se mi trovasse nel letto della figlia. Ha le gambe scoperte, tiro la coperta ma mi fermo ad accarezzarle con le dita. Sono lunghe e sottili, risalgo lungo la coscia sinistra, lei si sposta ma non si sveglia. Solo alla fine appoggio le labbra sulle sue e il ricordo della notte scorsa mi attraversa come una scarica. L'ho tenuta tra le mie braccia, baciandola davvero, e ora so che siamo incasinati, che la nostra storia non sarà mai come quella di due ragazzi qualunque. Così quando l'infermiera entra, quasi non me ne accorgo. Ci fissiamo, nessuno dei due dice niente, io mi avvio alla porta facendole segno che Giulia sta dormendo. Non è la stessa di ieri, oggi l'infermiera è una donna grassa che trascina i piedi per la stanza e porta i capelli velati di grigio legati sulla nuca. Lei passa dallo sbalordimento al divertimento. Così non smette di ridere e io ne approfitto per infilarmi nel corridoio e andare via come se nulla fosse.

Mio padre dorme vestito sul divano, i capelli arruffati, almeno venti sigarette nel posacenere. Quando gli passo accanto, sbarra gli occhi come se non credesse a quello che sta vedendo.

«Sei tornato, dov'eri?»

«In giro.»

«Potevi chiamarmi.»

«Avevo il cellulare scarico» ed è vero. È morto mentre andavo da Giulia.

«Potevi trovare un modo.» Si alza e si avvia in cucina. «Ti ho cercato per tutta Roma» dice, e mi viene da ridere mentre me lo vedo setacciare la città senza avere la minima idea dei posti che frequento. «Hai diciotto anni ma mi preoccupo per te.»

«Te ne saresti ricordato, se ti avessi avvertito?» lo sfido.

«Sono sobrio da sette settimane. Caffè?» mi chiede.

«Amaro.»

«Non eri da Francesco perché l'ho chiamato, hai la faccia di uno che non ha dormito. Eri con una ragazza?» Annuisco mentre mi versa il caffè.

«È la tua ragazza?»

«Sì.» Non ne abbiamo parlato ma deve essere così anche per lei. Sicuro.

«Come si chiama?» E a questa domanda rido. Se me l'avesse chiesto ieri, gli avrei dato un'altra risposta. «Perché ridi?»

«Si chiama Giulia» e quando lo dico mi sento meglio.

«Sei stato a casa sua?»

«La prossima volta ti chiamo, ok?» Non voglio parlare del fatto che la mia ragazza è ricoverata in ospedale per una crisi di nervi.

«Ok.»

E poi mi chiudo in camera, perché non sono abituato a parlare così tanto con mio padre. Non sono abituato al fatto che mi piaccia.

Quando racconto tutto a Francesco siamo in camera mia, lui è seduto sulla scrivania, la testa appoggiata al muro, io sono disteso sul letto e ho gli occhi chiusi. Mi sento esausto.

«Davvero non si chiama Alice?» continua a ripetere da mezz'ora ridendo.

«Già.»

«Solo a te poteva capitare.»

«E la cosa peggiore è che sono cotto, anche dopo tutto questo casino.»

«Non so dire chi sia più sciroccato tra te e lei. Tuo padre mi ha chiamato ieri sera, era fuori di sé.»

«Non ho potuto avvertirlo.»

«Quindi hai dormito con lei?»

«In ospedale.»

«Solo dormito?» mi chiede, e quando lo guardo capisco che sta insinuando qualcosa.

«Mi hai sentito, è ricoverata in un cazzo di ospedale.»

«Secondo me pensa che sei gay.» Mi giro di scatto, furente. «Che c'è, solo perché sono gay non posso sfotterti?»

«Sono stato rispettoso» e scoppiamo a ridere. «Sul

serio, Francè è la cosa migliore che mi sia capitata» e lo penso davvero. Lo sento con tutto me stesso.

«A parte me.»

«Ovviamente.»

«Certe volte, quando sono con Claudio, lui dice che non potrebbe innamorarsi di nessuno come di me. Io lo guardo. So che è sincero, che lo pensa. Ma secondo me uno può innamorarsi anche cento volte in una vita. Gli amori unici non esistono.»

«Da quando sei così cinico?»

«Da quando tu sei diventano un cacasotto.»

«Rispettoso» diciamo insieme e torniamo a ridere.

Quando arrivo a casa di Angela sono agitato come prima di un'interrogazione di inglese. Mi ha chiamato e mi ha dato l'indirizzo di casa sua, ho mollato Francesco e sono corso a Trastevere. Abita in un palazzo antico con la facciata da poco riverniciata, ma solenne come se qui dentro si vivesse in un'altra epoca. Suono al citofono e aspetto. È lei a rispondermi: «Quarto piano» mi dice. Prendo l'ascensore e salgo. Viene ad aprirmi, indossa una tuta viola e i capelli raccolti sulla nuca. Non sono abituato a vederla con abiti poco formali, così non dico niente mentre mi fa strada. Superiamo un corridoio con tre stanze e ci ritroviamo in un salotto con un divano di pelle nero. Io mi siedo sfilandomi giubbotto e sciarpa. Lei armeggia in cucina.

«Una tazza di tè?»

«Grazie.» Viene a sedersi sul divano portando due tazze fumanti e le poggia sul tavolo basso di fronte. Mi guardo intorno, alle pareti è appeso un unico quadro.

Una donna di spalle immersa nella luce del tramonto. Il giallo del cielo è così forte che mi strofino gli occhi e distolgo lo sguardo. Tutto è in ordine, i cuscini perfettamente addossati al divano, le candele profumate sulle mensole, i libri in mostra nella libreria. E una foto di un ragazzo appesa al muro.

«L'hai vista?» Torno a guardarla, mentre mi chiede di Giulia.

«Sono stato da lei ieri e questa mattina» le mento per la prima volta. «Questo è uno dei nostri appuntamenti, una seduta extra?»

«Mattia, ascoltami, non so come sia successo.»

«Non è colpa tua.»

«Sono stata superficiale.» Ha l'aria scocciata, come se questa cosa potesse mettere in discussione la sua professionalità. «Quando sei venuto da me la prima volta, ho pensato che il tuo nome mi ricordasse qualcosa. Giulia intanto mi raccontava di questo Mattia, di quanto le piacesse. Devo essere sincera, quando ci siamo visti e tu hai mi hai descritto per filo e per segno una storia che avevo già sentito, ho collegato tutto.» Si ferma e beve.

«Poteva essere solo lei ad aver vomitato sulle scarpe di Massimo.» Rido al pensiero di quella notte assurda. «Perché non l'hai detto? Perché hai continuato a vederci entrambi?»

«Avrei dovuto interrompere gli incontri con uno dei due. Nessun paziente è più importante di un altro, mi hanno insegnato. Ma Giulia è così fragile e tu mi ricordavi tanto una persona.»

Fisso la foto al muro. «È Adriano, tuo fratello?» Senza aspettare la sua risposta mi alzo e guardo la foto da vicino. Il ragazzo sorride, ma guarda da un'altra parte come se stesse sorridendo a qualcuno fuori dall'inquadratura. Ha i lineamenti marcati, gli occhi grandi e buoni. Indossa una maglia con le scritte che formano una spirale.

«Aveva diciannove anni quando è stata scattata. Mattia, ho parlato con il preside, c'è un mio collega, mi fido di lui e...»

«Angela, tu devi aiutarla, ti prego.»

«Ci sto provando. Giulia è confusa. Ma sta ricordando. Devi avere fiducia.» Beve un po' di tè.

«Mi ha parlato di Alice.»

«È partito tutto da lì, da quel maledetto giorno» e ora non sono più sicuro che stiamo parlando di Giulia. «Ci sono tante cose che deve ricordare, ma voglio che tu pensi a te stesso. Devi continuare con Sergio, il mio collega. Giulia ce la farà, abbiamo solo bisogno di tempo.»

«Sono innamorato di lei.» Angela sorride proprio come avrebbe fatto mia madre.

«Mattia, mi dispiace davvero, non sto scegliendo, cerco solo di limitare i danni.»

«Tu mi hai aiutato, sul serio, e so che lei ha più bisogno di te ora.» Angela annuisce. «Questi segreti mi hanno fatto venire un gran mal di testa» dico massaggiandomi le tempie. «Hai voglia di una boccata d'aria? Ti va di venire con me in un posto?»

«Roba da serial killer?»

«Roba da ex psicoterapeuta e paziente quasi sano. Ci metto cinque minuti.»

Mentre aspetto che si prepari, mi guardo intorno spinto dalla curiosità. Attraverso il salone, mi affaccio nel corridoio ed entro nella prima stanza alla mia sinistra. È uno studio con le pareti arancioni, una scrivania, una poltrona marrone con lo schienale alto che sembra morbidissima e un impianto di filodiffusione. Le mensole sono stracolme di cd, sulla scrivania ci sono dei fogli impilati, alcune dispense di psicologia clinica. Deve essere lo studio di Angela, è qui che ripensa ai suoi casi, che si aggiorna. Sposto i fogli e sotto c'è una fotografia.

Riconosco Angela, è un'adolescente, il viso più rotondo con i capelli chiari e mossi, fissa l'obiettivo tenendo per mano un ragazzo moro con gli occhi chiari. Non è Adriano, ma neppure suo marito. Di là ho intravisto una foto del loro matrimonio. La stampa è sbiadita, i bordi bianchi consumati. La giro. *A Mirco, Sabaudia 1993.*

«Eccoci, parcheggia qui.» Le indico la strada sterrata appena fuori dall'allevamento. Scendiamo. Ho avvisato Mario della visita. Voglio che Angela veda il mio piccolo miracolo. Che assista a qualcosa di portentoso come la nascita di una farfalla. O che ne veda anche solo una dormire o sbattere le ali.

Mario ci viene incontro, indossa la tuta verde, gli scarponi neri, i guantoni da giardiniere. Starà preparando i terreni per la migrazione da una capsula all'altra.

«Mario, lei è Angela, una mia amica.» Mario si sfila i guanti e stringe la mano ad Angela.

«Salve, è un piacere conoscerla. Mattia, io raggiungo Sofia nei boschi, fa' tu gli onori di casa. Leo è dentro con i tecnici e controlla la stanza calda, abbiamo avuto degli sbalzi che non mi piacciono.»

«Agli ordini» dico. Lui fa un cenno ad Angela e sparisce.

Angela mi segue mentre entro nell'ufficio di Mario e mi infilo la tuta. Le porgo dei copriscarpe e le dico di sfilarsi il cappotto e la sciarpa. Dentro ci saranno almeno trenta gradi. Entriamo nella stanza calda, sembra silenziosa come sempre. Qui teniamo le farfalle esotiche; ce ne sono davvero poche, sono le più costose e sono abituate a temperature più alte degli esemplari autoctoni. Angela si guarda intorno, non sa bene dove posare lo sguardo. Se sul soffitto, da cui cadono gli aeratori che buttano fuori aria calda, o sulle braccia centrali su cui sono appoggiate le capsule con i bozzoli. Mi segue mentre le spiego il funzionamento del sistema di immissione dell'aria e controllo che la temperatura sia giusta, poi arriviamo in fondo alla stanza. Restiamo in silenzio per un po'.

«È normale che senta questa musica?»

«È il loro modo di comunicare. Non tutti riescono a sentirla.»

«Vuoi dire che ho un orecchio sopraffino?»

«Voglio dire che sei fortunata. Muovono le ali in armonia tra di loro per lanciarsi messaggi.»

«Cosa dicono?»

«Guarda, c'è Mattia con la sua strizzacervelli.»

«Molto divertente.»

«Vieni.» Lasciamo la stanza calda e arriviamo all'allevamento principale, dove la temperatura è decisamente più bassa. «Qui teniamo gli esemplari locali, quelli che raccogliamo nei boschi intorno a Roma durante le nostre escursioni» le spiego mentre ci muoviamo.

«Passi molto tempo qui?»

«All'inizio avevo dei turni, ma ora dopo la scuola sono

praticamente sempre qui. Non è come un qualsiasi altro lavoro, sai?»

«No?» Mi guarda curiosa.

«Pochi dei miei compagni di classe lavorano, alcuni fanno i camerieri, altri i fattorini, ma non hanno quasi mai tempo per fare altro. Io mi siedo qui» e con la mano le indico un tavolo di legno addossato alla parete, «e studio, leggo, ascolto musica.»

«È una piccola fortuna.»

«È il mio mondo.»

«Ci hai già portato Giulia?»

«Non abbiamo avuto il tempo per gli appuntamenti con effetti speciali.»

«Devi portarla qui» mi dice entusiasta. «Tutto questo» e con la mano indica la stanza «le piacerebbe da morire.»

«Lo so, anche a mia madre piaceva.» E poi le faccio la domanda, quella che non mi fa più dormire. «Angela?»

«Sì?»

«Credi che lei possa dimenticarsi anche di me?»

«Giulia ha dimenticato molte cose, ma di questo non devi preoccuparti. Solo il tempo potrà aiutarla, ma tu devi avere fiducia perché se una cosa del genere può essere possibile» si ferma e raggiunge una delle gabbie con i macaoni, «allora tutto lo è.»

«Possibile» mormoro.

«Possibile» ripete.

Possibile.

E restiamo in silenzio ad ascoltare le farfalle. Loro parlano una lingua che non capiamo, ma non abbiamo mai ascoltato nulla di più giusto. E di più bello.

GIULIA

Oggi il medico mi ha dimessa. Ora sono distesa sul letto, con la mia tuta preferita e *Orgoglio e pregiudizio* tra le mani; mia madre non ha voluto sentire ragioni, devo stare a riposo anche se non sono stanca. Quando bussano alla porta resto davvero sorpresa. Mia madre ha l'aria turbata, come se avesse trovato i ladri in casa e ora le toccasse di fare l'inventario. E dietro di lei Mattia si fa piccolo, quasi scompare. Non me ne accorgo subito ma c'è anche Francesco con lui, ha in mano dei fiori.

«Giulia, ci sono due tuoi amici» dice mia madre lanciando occhiate di continuo a me e a loro, fermi sulla porta. «Te la senti?»

«Certo, lasciali entrare.» Mattia allora si fa coraggio, supera tutti e viene a sedersi sul letto. Francesco chiede un vaso a mia madre e spariscono in cucina. Appena la porta si chiude, lui mi prende il viso tra le mani e mi bacia come se non ci vedessimo da secoli.

«Ciao» dico.

«Ciao» dice. E torna a baciarmi. Potrei dire che è come la prima volta che l'ha fatto. Ma stavolta non ho più paura, perché ora sa chi sono. Mi conosce.

«Stai bene?» Mi studia allontanandosi.

«Alla grande.» Mi stringe la mano e quando la porta si apre non me la lascia. Mia madre ci fulmina con lo sguardo ma non dice niente. Posa un vassoio con dei biscotti e del succo d'arancia sulla scrivania.

«Grazie, ha una casa davvero bella» le dice Francesco e mia mamma arrossisce.

Francesco ha tolto la benda, ma zoppica ancora.

«Sono di là» dice mia madre, e se ne va. Francesco si avvicina, strattona Mattia per farsi spazio e mi abbraccia senza impaccio. È caldo e sa di menta.

«È il nuovo Dolce & Gabbana» mi dice staccandosi.

«Sicuro» gli dico con un sorriso.

«Allora, Giulia, direi che abbiamo surclassato ogni puntata di *Glee*, anche la scena della stazione in cui Finn e Rachel si lasciano.» Ridiamo tutti e tre.

«Sono contenta che siate passati.»

«Il nostro Romeo qui presente non ce la faceva a non vedere la sua Giulietta.» Mattia lancia un'occhiataccia a Francesco, ma continua ad accarezzarmi la mano. Poi si alza, mi cinge la vita e si siede dietro di me tenendomi stretta.

Francesco si aggira per la stanza.

«Grazie per i fiori» dico.

«Figurati. Quante foto, le hai scattate tu?» Si avvicina al collage delle foto e ho paura che mi chieda di lei. Invece non lo fa, si limita a fissarle.

«Non tutte. Alcune sono autoscatti. Mio padre mi ha regalato la sua Nikon, è vecchia, non la so usare come si deve ovviamente, ma mi piace avere dei ricordi.»

«Come ti senti?» mi sussurra di nuovo Mattia all'orecchio. Vorrei dirgli che averlo così vicino mi mette a fuoco, che vorrei che Francesco non ci fosse. Ma mi limito a rassicurarlo. Si accorge delle medicine sulla scrivania, devo prenderle appena sveglia e prima di addormentarmi, ma non mi chiede niente.

«Io ho portato i fiori, ma Romeo qui ha un altro regalo» dice Francesco. Mi volto a cercare lo sguardo di

Mattia, mentre Francesco si siede alla scrivania e traffica con il mio portatile.

«Ho fatto questo per te.» Mattia si sfila dalla tasca un foglio ripiegato. «Quando sei venuta da me, hai detto che la tua stanza è ordinaria. E non avevi tutti i torti» gli tiro una gomitata, «allora ho pensato che puoi appenderci questa.»

«Cos'è?» Mi passa il foglio e io lo apro. È un disegno: una farfalla tutta nera riempie lo spazio bianco.

«Dio, è bellissima.»

«Mi fa pensare a te.»

«Perché è macabra?»

«È la farfalla più rara al mondo, gli scienziati impazziscono per questo esemplare.»

«Perché?»

«Studiano la sua memoria, dicono che quando passa dallo stato di crisalide a quello di farfalla accenda la sua memoria. Del prima non ricorda nulla.»

«Come me.»

«Ed è bellissima. Come te.» Mi bacia il collo.

«Io sarei ancora qui, sto solo fingendo di navigare in internet» brontola Francesco. Mattia gli lancia un cuscino che lo colpisce in pieno viso. Stiamo ancora ridendo quando il mio cellulare prende a squillare.

«Sì?» Mattia mi tiene ancora stretta.

«Giulia, volevo sapere a che ora arrivi.»

«Scusi, con chi parlo?»

«Giulia, sono Alessio. Domani a che ora arrivi?»

«Scusi, forse ha sbagliato.»

«Ci siamo sentiti poche settimane fa.»

«Io... io non ricordo.» Mattia si sposta di fronte a me e mi fissa. *Chi è?* mima con le labbra.

«Mi avevi detto che venivi.» Sento il suo respiro attraverso la cornetta. «Sono Alessio, il padre di Alice.»

«Io non ricordo» balbetto.

«Domani devi venire. Ti stiamo aspettando.» Sembra deluso.

«Chi mi aspetta?»

«Io e Mirella. La sorella di Alice. Tu volevi conoscerla.»

Lascio cadere il telefono. Mattia ha l'aria smarrita. Francesco raccoglie il cellulare.

«Chi era?» mi chiede Mattia.

«Non lo so.»

«Ok, calmati.» Mattia mi abbraccia. Io inizio a piangere, ad avere paura.

«Vuoi che chiami qualcuno?»

«Angela, chiama Angela, lei saprà cosa fare.»

«Andrà tutto bene» continua a ripetermi.

E non so perché ma stavolta non riesco a credergli.

Capitolo X

MATTIA

«Quanto zucchero?» ci chiede la mamma di Giulia preparando il caffè senza guardarci. Siamo seduti in cucina.

«Amaro» dice Francesco per entrambi. Lei si volta e poggia le tazze sul marmo lucido.

«Non so neppure i vostri nomi.»

«Io sono Francesco e lui, il musone, è Mattia.» Le scappa un sorriso. Non assomiglia per niente a mia madre, o a una madre in generale. Indossa dei jeans stretti e un maglioncino rosa. E nemmeno a Giulia.

«Io sono Marta. Siete al liceo con Giulia?» Francesco mi guarda come a dire che ora tocca a me.

«Ci siamo conosciuti ad una festa» taglio corto, e abbasso lo sguardo. Mia madre mi ripeteva sempre che non so mentire. *Sei rosso come un peperone, stai dicendo una bugia.*

«Ma tu» dice guardando nella mia direzione, «come conosci Angela?» Ecco ci siamo. Non posso più nascondermi.

«Sono… ero un suo paziente.» La mia risposta sembra colpirla come uno schiaffo. Quasi arretra con la tazzina in mano. Ma non dice niente. La figlia matta si è trovata un ragazzo pazzo.

«Mattia, forse è meglio andare, si sta facendo tardi» tenta di salvarmi Francesco.

E Marta sembra non aspettare altro.

«Io resto, vorrei aspettare, voglio sapere come sta» le dico con troppa convinzione.

«Starà bene» mi dice lei. Giulia è con suo padre che l'ha accompagnata da Angela.

«Tu vai» sussurro a Francesco mentre Marta sciacqua le tazze.

«Sei sicuro?» dice a fior di labbra. Annuisco.

«La ringrazio per il caffè» dice Francesco avviandosi alla porta. Lei lo accompagna. Io mi alzo e raggiungo il divano, ma non mi siedo, sono nervoso, e cammino per la stanza. Quando Marta ritorna va a sedersi sul divano.

«Quella è Giulia a dieci anni» dice indicando una foto alla parete che non avevo notato. «La sua prima bici rosa. Non voleva separarsene mai. *Può dormire con me?* mi chiedeva ogni sera.» Mi avvicino alla foto. «Giulia non mi ha parlato di te» dice come se non capisse la mia presenza qui.

«Ci conosciamo da poco.»

«Se sei qui ora, significa che per te è importante.»

«Sono preoccupato per lei.»

«Lo siamo tutti. Non è contro le regole andare dallo stesso psicoterapeuta, o cose del genere?»

«Infatti Angela non è più la mia psicoterapeuta.» Soppesa la mia risposta, e pensa alla prossima mossa.

«Abiti da queste parti?»

«Alla Garbatella. Anche Francesco abita lì.»

«Non fraintendermi, ma Giulia deve riposare quando rientra, sta attraversando un periodo difficile, e...»

«Non me ne vado.» Sbianca, come colpita dalla mia sfacciataggine.

«Come vuoi.» Un uomo brizzolato compare in salone. Ha poco o niente di Giulia, ma quando sorride mi mette di buon umore.

«Fabrizio, questo è Mattia, un amico di Giulia» dice Marta. È alto, il fisico asciutto. Indossa un completo scuro. Appoggia la ventiquattro ore sul divano, e mi stringe la mano.

«Come sta?» gli chiedo.

«È con Angela, non avevano bisogno di me» dice più a sua moglie che a me. Lei sembra delusa, si scusa e se ne va. Mi sento sollevato, come se l'esame fosse finito. Ma non sono sicuro dell'esito.

«Così tu sei Mattia, l'allevatore di farfalle. Devo farti i miei complimenti, ne ho sentite tante, ma questa!» Ride e forse si rilassa per la prima volta da quando ha visto Giulia sconvolta. Quando ride la bocca si solleva a disegnare un sorriso perfetto. Un sorriso che conosco, e amo.

«Mi arrangio come posso.»

«Eri qui con lei?» Annuisco. «Quando mia moglie mi ha chiamato, ho temuto di nuovo il peggio. Giulia sta passando un momento terribile.» Solo ora mi accorgo di quanto sia preoccupato. Si versa del liquore.

«Ne vuoi?»

«Ovviamente la risposta giusta è no.»

«Stai andando benissimo. Mattia, forse dovrei dirti qualcosa a proposito di tutta questa storia.»

«La ascolto.» Ma in quel momento Marta ritorna e sembra sollevata. Ci lancia un'occhiata, poi si rivolge solo al marito.

«Starà bene, ho telefonato ad Angela, è lì con lei e starà bene» ripete per l'ennesima volta.

«Dobbiamo darle tempo» le dice lui e restano a fissarsi.

Mi sento di troppo, ma ripenso a mia madre, a quanto fosse affettuosa, a quanto cercasse sempre mio padre. Se mia madre fosse qui mi direbbe di restare. E così faccio. Aspetto come se non ci fosse nulla di più importante che rivedere Giulia.

GIULIA

Quando entro nello studio di Angela, ho solo in mente Mattia fermo sulla porta di casa mia, con la faccia desolata. Si starà chiedendo quando inizierà la parte bella della storia, quella in cui la ragazza si concede all'innamorato, quella in cui ci baciamo sulle panchine o mariniamo la scuola. Si starà chiedendo quando diventerò normale. In questo momento potrebbe anche già essere in autobus, diretto a casa. Francesco gli starà stringendo la spalla. Lui sarà inconsolabile, ma poi capirà di aver fatto la scelta giusta. A lasciarmi.

«Ti va di parlare?» Scuoto la testa. Angela è seduta sulla sua poltrona, in mano l'agenda ma niente da scriverci. Così infila la cordicella sulla copertina e la chiude. Si alza e si muove per la stanza.

«Quando avevo la tua età, dividevo la stanza con mio fratello. Lui era ordinato, un maniaco del controllo, io lasciavo le Converse in giro per casa e non le trovavo mai. Ma ci piaceva riempire la stanza di cose nostre, condivise, una pietra da Sabaudia, gli orologi. Io mettevo sempre i suoi. E le penne, aveva la fissa per le stilografiche. Mia madre era una fotografa. Avevamo persino una camera oscura in casa, improvvisata nella cantina. Mia madre ci passava le giornate. Ricordo l'odore forte dell'acido, del potassio, *quella è gomma arabica,* strillava quando infilavo le mani nelle bacinelle.» Racconta come un fiume in piena, forse perché ha capito che non parlerò facilmente.

«Sembra fico» riesco a dire, ma Angela non mi guarda, come se toccasse ancora a lei parlare.

«Mi ha chiamato il padre di Alice» dico tutto d'un fiato. «Il suo vero padre, ha detto che mi aspettava, che devo andare a conoscere lui e Mirella.»

«Chi è Mirella?»

«La sorella di Alice.» Angela si siede e inizia a scrivere sulla sua agenda.

«Avevi già parlato con lui?»

«Sì.»

È un ricordo fresco, Alice è morta da poco, io sono a casa a piangere quando il telefono squilla e Alessio si presenta. Mi dice che ha saputo della morte di Alice dai giornali. Dovevano incontrarsi di lì a poco, sapeva che io l'avrei accompagnata. Alla fine mi aveva convinta. Alessio piange al telefono, mentre mi parla di Mirella, la sorella maggiore. *Vieni a vederla*, mi dice, *vieni a conoscerla*, e io glielo prometto. Fissiamo una data, poi la cambiamo. Lui mi scrive una mail, ci teniamo in contatto. Ho archiviato tutta la posta. Così, tiro fuori il portatile dallo zaino e mostro i messaggi ad Angela.

«Vi siete scritti spesso» osserva scorrendo la posta.

«Non lo ricordavo» e ormai lo dico così spesso che non mi rattrista più.

«Non l'hai riconosciuto subito?»

«Solo quando abbiamo chiuso la telefonata ho ricordato. Alice riceveva lettere in continuazione, prima solo da Alessio, poi anche da Mirella. Dio, come ho potuto scordarmi anche di lei?»

«Mattia era presente?» Alza lo sguardo su di me.

«Già, era alla prima della pazza furiosa.»

«Giulia, lui ci tiene, tanto.»

«Niente più segreto professionale?» scherzo.

«Non te l'ha detto?»

«Cosa?»

«Non sono più la sua psicoterapeuta.»

«Hai scelto me» mormoro. «Ovvio, lui è normale, sono io la pazza.»

«Non sei pazza e non ho scelto. Sto solo facendo il mio lavoro.»

«Ma come farà ora, con la scuola e la punizione?»

«Andrà da un mio collega, mi fido di lui.»

«A quest'ora sarà già scappato.»

«Non mi sembra un tipo che demorde.» Angela chiude l'agenda e si alza. Io faccio lo stesso, quasi la inseguo.

«Ho parlato con il medico all'ospedale e con i tuoi genitori, ovviamente. Devi continuare con la terapia.»

«Angela, so cosa devo fare.»

«Con Mattia?»

«No, con Alice.» Lei mi fissa senza capire. Ma dentro

di me scatta qualcosa. Come se fosse Alice a suggerirmi la prossima mossa. *È giusto così*, le sento dire nella mia testa. Glielo devo perché non ho accettato subito di accompagnarla. L'ho lasciata morire. «Io voglio andare a Napoli, voglio incontrare Alessio e conoscere Mirella. Lei lo farebbe per me.»

«Giulia, sei debole, instabile e tua madre non ti darà il permesso.»

«A te lo darà.»

«Cosa?» E quando inizia a capire mi guarda incredula. «Ho dei pazienti, un marito» dice a bassa voce come se ci stesse davvero pensando.

«Tu devi accompagnarmi» insisto mentre lei continua a guardarmi scioccata.

«A Napoli?»

«Sì.» Lei ci pensa su. Come se non la trovasse un'idea totalmente folle.

«Mia mamma vive lì, non ci torno da tempo ormai» dice pensierosa. Poi mi guarda curiosa. «Vedi ancora Alice? La sogni ancora?» mi chiede di getto, come se da questo dipendesse il nostro destino.

«Continuamente» mormoro.

Mi stringe in un abbraccio. Mi infilo il cappotto e mi avvio all'uscita.

«Angela?»

«Sì?»

«Ovviamente Mattia deve venire con noi.» Lei respira forte, e mi fissa quasi arrabbiata. Io afferro la maniglia e apro la porta. «Possiamo stare qui a parlare per ore, posso recitare anche le sacre scritture dei sumeri ma io devo andarci, lo sai anche tu, devo.»

«Le sacre scritture sono dei cristiani, i sumeri sapevano scrivere a stento, che cavolo vi insegnano oggi a scuola?»

ANGELA

«Se tu potessi incontrare Dio cosa gli chiederesti?»

«Tu ci credi in Dio?»

«Cosa gli chiederesti?»

«Perché non si fa vedere.»

«Perché è Dio.»

«Ok, ma se io sono Dio, e non fare quella faccia, dicevo se io sono Dio e nessuno crede che esista, mi farei vedere, almeno manderei un segno.»

«Si chiamano miracoli.»

«Si chiamano leggende. Come fai a crederci?»

«Lo sento.»

«Parli con lui?»

«Lo sento che esiste. Come te lo spiego?»

«Provaci.»

«Con il cuore»

«Ok, Shakespeare, ma non hai mai un dubbio?»

«Mai.»

«Perché?»

«Perché ho fede.»

Avevo tredici anni quando mio fratello Adriano mi spiegò la differenza tra fede e scienza. Ma io ho sempre avuto questa linea dritta che mi attraversa da parte a parte. E nessun confine è così marcato come questa distinzione dentro di me. Vivo di impulsi e istinto ma se non ho una teoria dimostrabile vado in tilt. Quando finii il corso di psicologia mi tuffai a capofitto nella medicina. Volevo ascoltare le persone, capirne la psiche, ma avevo il desiderio di curarle, di risolvere alla fine le cose. E quando ho dovuto scegliere la specializzazione non ho avuto alcun dubbio su psichiatria. Sono stati anni pieni di sacrifici ma mi sentivo nel posto giusto, come se fossi nata per quello.

Giulia mi ha appena scritto un messaggio chiedendomi a che punto sono con i preparativi del viaggio. Convincere i suoi genitori non è stato facile, soprattutto quando ho nominato di passaggio Mattia. Si fidano di me. Digito il nome del b&b su Google e confermo la prenotazione. Partiremo dopodomani. Chiamo mia madre ma non è in casa e le lascio un messaggio in segreteria.

Accendo la tivù in un gesto abituale e metto su l'acqua per il tè. Sam sarà di ritorno tra qualche ora e ho tempo per studiare l'ultimo caso arrivato allo studio.

Giovanni ha ventisette anni e un disturbo ossessivo compulsivo della personalità. La sua giornata si svolge secondo ritmi precisi, segue una routine e quando se ne allontana diventa nervoso e irascibile. Studia ingegneria ma non si appassiona. È metodico e razionale, con una diagnosi di autismo alle spalle ignorata dai genitori. Ho raddoppiato i nostri appuntamenti. Il suo caso mi incuriosisce. Prendo l'agenda e sposto gli incontri della prossima settimana, quando sarò a Napoli. Sono nervosa all'idea di rivedere mia madre dopo così tanto tempo, accendo la filodiffusione e *La Longue Route* riempie la casa vuota. L'iPhone si illumina, odio le suonerie.

Rispondo quasi alla fine.

«Angela, non aspettarmi in piedi. La riunione va per le lunghe.» Sam ha la premura di avvisarmi ogni volta che tornerà molto tardi come se fosse una novità.

«D'accordo, ma ricordati almeno di mangiare.»

«Non preoccuparti. Come va l'organizzazione per Napoli?»

«Quasi tutto pronto.»

«Sei sicura che non vuoi che venga?»

«È lavoro, lo sai. Ti annoieresti.»

«No, non lo farei. Ma va bene. A più tardi.»

Parcheggio lontano dalla chiesa di San Lorenzo. Ci arrivo a piedi passando per via del Corso anche se la pioggia comincia a intensificarsi. Dentro è quasi vuota a eccezione di una donna seduta in uno dei banchi laterali. I capelli bagnati, le mani giunte e la testa china. Resto lontana, quasi in fondo, accendo una candela e mi siedo. Non recito preghiere, forse ne conosco un paio a memoria, ma parlo, dentro di me confido a questo posto tutto quello che non riesco a dire ad anima viva. Le parole che mi affollano la mente, le mie e quelle degli altri. I racconti della gente che vuole solo sentirsi sollevata e i turbamenti del mio cuore.

Se Adriano mi vedesse penserebbe a una resa, alla fine ho cercato rifugio in una chiesa. Ma la verità è che ci vengo almeno una volta a settimana perché sono certa di non trovarci nessuno che conosco, odio le funzioni religiose e la gente e scelgo sempre orari in cui è vuota. E ci resto per ore, anche se fa freddo e mi si intorpidiscono i piedi. Anche se non l'ho mai detto a nessuno. Un uomo sulla sessantina entra e mi supera senza voltarsi. Zoppica vistosamente, così si tiene ai banchi mentre avanza. Penso a Giulia, a tutta la verità che crede di trovare con questo viaggio e a quella che conservo gelosamente per lei. *Diglielo* mi consiglierebbe Adriano, *dille tutto.*

Sarebbe facile, forse la soluzione migliore. Ma io aspetto. Ho pazienza.

Mi alzo. La chiesa è di colpo vuota.

Diglielo lo sento ripetere.

Non ancora, penso.

Perché?

«Perché ho fede» dico ad alta voce. Ed esco.

PARTE SECONDA

Quanti di quei punti tra gli spazi erano già dentro di me. Più di un vento mi è quasi figlio. Mi riconosci, aria, tu colma ancora dei luoghi che furono miei? Tu, già liscia scorza, foglio e rotondità alle mie parole.

RAINER MARIA RILKE, *Sonetti a Orfeo*

Capitolo VI

Capitolo XI

MATTIA

Fossi stato Dio, avrei colorato il cielo proprio di azzurro. Certo, prima avrei dovuto creare i colori, miscelare questo con quello, fare un po' di prove, ma alla fine il cielo sarebbe venuto esattamente di questo colore. Questo azzurro senza fondo, che diventa bianco se lo guardi troppo, immobile anche se corri e continui a fissarlo.

Il cielo sopra Napoli dovrebbe essere incluso di diritto tra le sette meraviglie del mondo. Quando mi sporgo dal finestrino e inspiro l'aria che sale del mare, assaporo la meraviglia. Mi volto a osservare Giulia che dorme sul sedile posteriore. Sembra più piccola, la bocca socchiusa, il viso sereno. Angela guida senza parlare, ha inserito il solito cd, *X&Y* dei Coldplay, e si agita sul sedile non appena ci tuffiamo nel traffico dell'ora di punta. Non riesco ancora a credere di essere qui. Sono passate tre settimane dall'ultimo crollo di Giulia e sono stati i giorni più lunghi della mia vita. I suoi la tenevano chiusa in casa e lei vedeva solo Angela per cercare di ricordare. Ma ci siamo scambiati centinaia di messaggi e abbiamo passato ore al telefono, guardando lo stesso film.

Ci devo andare, Mattia, mi ha detto. *E ho bisogno che tu venga con me.* Non ho dovuto neppure pensarci, ho detto sì e poi ho riattaccato per contenere l'emozione. E cercare una scusa per mio padre. Angela è venuta a conoscerlo, ma non gli ho detto la verità, non tutta. Gli ho spiegato che è la mia psicoterapeuta e che il viaggio a Napoli fa parte del programma di recupero scolastico. Non gli piaceva l'idea ma non si è opposto, soprattutto considerando che non salterò la scuola. È il 26 dicembre e siamo in vacanza. Ma ha riavuto la patente, ha ripreso il lavoro e si è pure comprato un cellulare nuovo per mandarmi messaggi.

«A cosa stai pensando?» mi chiede Angela a bassa voce.

«Al mio esame di guida, l'ho rimandato ancora. E poi guardavo il panorama.» L'aria è fredda ma c'è un sole pieno che illumina il mare. Quando Massimo ha saputo della partenza, mi ha dato del cacasotto. Francesco invece si è limitato ad annuire, come quando è d'accordo con me ma non riesce a dirlo ad alta voce.

«È via Caracciolo, d'estate c'è così tanta gente che non si riesce a camminare» mi spiega Angela.

«Perché non sei venuta a vivere qui?»

Non risponde alla mia domanda, così non insisto. Le strade sono affollate e addobbate a festa. Superiamo un mercatino e iniziamo a uscire dal traffico. Siamo diretti a casa della madre di Angela, prima di andare al b&b in centro.

«Sei nervosa?» Le lancio un'occhiata e la vedo frugare nella borsa.

«Sì, cioè no. Non vedo mia madre da sei mesi. Dovrei tornare più spesso, vive da sola. Ma ogni volta mi sembra di riavere sedici anni e di dovermi giustificare con lei. E poi ci sono i miei pazienti, per essere qui ho dovuto spostare una marea di appuntamenti.» Mentre parla in maniera frenetica la rivedo aggirarsi in casa mia a suo agio, parlare con mio padre, ridere alle sue battute. È stata una benedizione interrompere la terapia e smettere i panni di paziente e strizzacervelli. È stato quando l'ho lasciata entrare in camera mia, quando le ho mostrato il rilievo che lei mi ha raccontato di suo padre, stroncato da un infarto quando lei aveva più o meno la mia età.

«Cazzo. Come ne sei uscita?»

«Sono andata avanti. Quando perdiamo qualcuno, qualcuno che è fondamentale per noi, rischiamo di perdere la ragione. Ma c'è sempre qualcun altro a cui pensare, qualcun altro da amare, qualcun altro che ti sprona. Siamo fortunati, perché non siamo soli» mi guarda e non so se stia tentando di passarmi qualche messaggio utile, o si stia solo confidando.

Sul sedile posteriore Giulia apre gli occhi.

«Siamo arrivati?» chiede stiracchiandosi.

«Quasi» le dico sorridendo.

«Ciao» mi dice.

«Ciao» e mi sporgo per darle un bacio sulla guancia. Lei si infila nello spazio tra i due sedili e quasi arriva a sedersi in mezzo a noi. Ha le guance arrossate, la matita nera un po' sbavata ma è incredibilmente bella, con i capelli lunghi dorati che le incorniciano il viso.

Mentre Angela si infila in varie stradine, Giulia gioca con i miei ricci indomabili. Ci infila le mani dentro e arrotola qualche ciocca intorno alle dita. In queste settimane non abbiamo avuto molto tempo per stare da soli. Sono passato a casa sua un paio di volte, ma quando i suoi hanno saputo del viaggio ho evitato di farmi vedere. Erano furiosi. Non so ancora come li abbia convinti.

«Ehi, voi due, ricordate che siete sotto la mia responsabilità. Non fatemi pentire di niente. Ho giurato a tua madre che non vi avrei lasciati un momento» dice Angela imboccando un vicolo stretto.

«Io non la vedo ora, e tu, Mattia, vedi forse mia madre?» scherza Giulia.

Quando Angela spegne il motore scendiamo in silenzio. Lei prende il cappotto e se lo infila.

«Laggiù c'è Castel Sant'Elmo» ci indica il castello che sorge poco distante, «c'è una vista spettacolare, domani vi ci porto.»

Angela ha le chiavi di casa, le tiene strette in mano ma suona il campanello come un'ospite qualsiasi. Una signora sorridente viene ad aprirci, abbraccia Angela lì sulla soglia. È emozionata e felice. Si appoggia alla porta mentre noi entriamo e la seguiamo nello stretto corridoio. È una lenta processione: davanti la mamma di Angela con la sua stampella e noi tre dietro zitti. Io e Giulia ci guardiamo intorno. È un piccolo appartamento soppalcato ma noto subito che è una casa di una donna ricca e autosufficiente. Tutto è curato e perfettamente in ordine, i quadri d'epoca alle pareti, la cristalleria scintillante e le tende dorate. Sembra di essere in un museo, così non so dove mettere le mani o dove sedermi.

«Scusate il disordine» ci dice. «Stavo controllando che la parmigiana non bruciasse.» Ci sediamo, Angela sul divano bianco con Giulia, io sulla sedia di legno che assomiglia a un trono, tant'è imbottita. Di fronte un enorme televisore e una pila di dvd. Quando viene a sedersi tra noi, noto che fa fatica a camminare senza stampella. Ha i capelli rossi tirati sulla nuca, gli occhi scuri, si massaggia continuamente la gamba in un gesto abituale. Ma quando sorride pare perdere di colpo vent'anni e si illumina tutta. Ha dei vistosi orecchini d'oro uguali alla collana, indossa un vestito lungo fino alle caviglie. Sospetto che sia sempre vestita di tutto punto, come se fosse pronta a uscire o a ricevere visite. In questo e in mille altri dettagli non mi ricorda Angela. Il suo accento napoletano per esempio, le sue mani eleganti piene di anelli dorati, il modo di parlare formale.

«Com'è stato il viaggio?» ci chiede con cortesia. Accompagna sempre le parole con un sorriso.

«Come sempre ho sbagliato uscita e siamo finiti nel traffico di via Caracciolo» si lamenta Angela.

«Allora, ragazzi, che ne pensate di Napoli?» dice guardando me.

«Fa caldo» dico d'istinto.

«L'aria è dolce.»

Scopriamo che la mamma di Angela si chiama Federica, anche se non ci sono state presentazioni ufficiali. E che è una cuoca eccezionale.

«Guardare programmi di cucina deve pur servire a qualcosa» scherza più tardi, quando siamo ancora seduti intorno al tavolo. Siamo in terrazzo nonostante sia dicembre, Angela e sua mamma hanno insistito per mangiare quassù. La vista è mozzafiato, si vede il mare se spingi lontano lo sguardo, oltre il castello. Così siamo tutti imbacuccati, cappotto e sciarpe. Stringo le mani di Giulia nelle mie e lei mi sorride. Ci soffio dentro, lo faceva sempre mia madre quando d'inverno seguivamo Mario nelle sue escursioni. Mentre raccoglievo le foglie, lei mi si avvicinava e mi prendeva le mani. *Se sono fredde rischi di spezzare le foglie.* Ci soffiava dentro e a ogni sbuffo ridevamo insieme. Angela e sua madre prendono a sparecchiare.

«Ci credi che siamo qui, insieme?» mi bisbiglia Giulia all'orecchio.

«Forse domani, oggi voglio continuare a sognare.»

Il suo telefono si mette a squillare. Guarda il display e ci pensa su prima di rispondere. Diventa paonazza.

«Sì? Ciao, ecco, io, no, non sono a Roma» si allontana camminando su e giù per il terrazzo.

«Auguri anche a te», poi mi guarda e chiude la telefonata. Non diciamo niente per un po'. So già che stava parlando con Antonio. Non voglio fare la figura del cretino, così evito di chiederle spiegazioni. La raggiungo mentre fissa il mare. Mi dà le spalle.

«Non vuoi sapere chi era?»

«Uno dei personaggi secondari?» Ride ma non si volta. «Che voleva?»

«Farmi gli auguri» dice asciutta.

«E?»

«E invitarmi a uscire» lo dice d'un fiato come se quasi ci stesse pensando.

«Caspita, si sta dando da fare.» Sono incazzato. «Ci

uscirai?» Senza preavviso si volta. Mi fissa e poi mi bacia. Come la prima volta, è lei a prendere l'iniziativa, la stringo forte a me e le infilo una mano sotto il cappotto. Le accarezzo piano la vita. Siamo soli, sento le voci provenire dalla cucina. La avvicino finché i nostri respiri si fondono. Lei si ferma a riprendere fiato.

«Mi piace che tu sia geloso.»

«A me no. E non mi piace che ti chiami.»

«Siamo già a questo punto?»

«Siamo ancora a questo punto.» Le bacio il collo e la sento gemere sotto le mie mani.

«Mattia?»

«Sì?»

«Sono innamorata di te.»

Ecco, ora dovrei dirle *Anche io*, perché lo penso davvero. Dio, se amo questa ragazza. Ma le parole non vengono fuori, le sorrido, lei ci rimane male ma non me lo dice. La stringo a me così forte che credo non ci sia bisogno di parlare. E qui, su questa terrazza, mi sento lo stronzo più stronzo della terra.

«Mi sento come se mi avessero affidato un compito bello grosso a scuola. E spetta solo a me portarlo a termine.» Quando ricomincia a parlare è come se non fosse successo nulla. Come se non avessi fatto la figura dell'idiota.

«Sei nervosa per domani?» Prima di partire Giulia ha chiamato Alessio. Domani incontreremo lui e la figlia.

«Un po'. Ma voglio arrivare in fondo. Voglio andare avanti.»

«Avrei voluto conoscerla» le dico stringendola più forte a me.

«Alice?» mi chiede a bassa voce come se le costasse fatica anche solo nominarla.

«Sì. Significava così tanto per te.» Gli occhi le si velano, ma non piange.

«Quando mia madre si è ammalata ho sempre creduto che si sarebbe ripresa, sai, come dopo una brutta influenza. Mi dicevo *Domani andrà meglio*, se la sentivo urlare di notte correvo in bagno a nascondermi o mi addormentavo con la tivù accesa per attutire i rumori. I rumori di notte mi facevano paura.» Giulia resta ad ascoltarmi. Così le racconto ogni cosa come non ho mai fatto con nessuno.

«Le accarezzavo le mani alla fine, e toccavo le ossa. Quando mi guardava non c'era più speranza nel suo volto. Il male se la stava mangiando e io le accarezzavo le mani.» Giulia si avvicina e me le stringe, le mani. Restiamo in silenzio per un sacco di tempo.

«Se ci avessi conosciute insieme, avresti scelto lei» dice alla fine.

«Sceglierei te sempre» le dico.

«Non potevi non amarla. Era pazza, lunatica, bellissima e le piaceva parlare. Potevi restare ad ascoltarla notti intere. Non ne avevi mai abbastanza.» Quando mi parla di lei è come ascoltare il racconto di una vita intera. In un altro mondo Giulia e Alice sono cresciute insieme. Noi siamo diventati vecchi, abbiamo vissuto mille vite diverse e ora lei è qui a raccontarmi tutta la storia.

«Vorrei che non fosse successo a te.»

«Anch'io.»

«Giulia, poco fa...»

«Non devi dire niente, il fatto che tu sia venuto con

me o che non sia scappato a ogni mia crisi significa tutto per me.»

«Non sono bravo con le parole.»

«Come direbbe mio padre, stai andando alla grande. È come in quel libro dove ci sono quattro ragazzi in giro per l'America a cercare un'amica e alla fine, dopo le soste programmate e la pipì nelle bottiglie, quasi stanno per morire. E tu, finché l'autore non te lo dice, pensi no, non possono morire così. Provi persino tristezza per loro, in fondo stanno solo cercando un'amica. Forse davvero si muore così, mentre cerchiamo qualcuno, che sia in giro per l'America o solo nella nostra testa.»

«La vedi spesso?»

«A volte, quando il ricordo si avvicina troppo alla realtà.»

«Io ti cercherei, se tu scappassi, ti verrei a cercare.»

«E se morissi?»

«Non moriremo, non così presto.»

«Promesso?» E c'è così tanta speranza nella sua voce, così tanta attesa che non posso dirle altro.

«Promesso.»

ANGELA

A sette anni infilai la testa tra le grate della finestra. Fuori nevicava, mia madre aveva chiuso tutto, ma io volevo toccare la neve. Non ci era permesso uscire, finché mio padre non fosse ritornato dal turno di pomeriggio. Io avevo paura che smettesse di colpo e tutto si sciogliesse. Adriano prese la sedia e ci salì sopra per arrivare alla finestra e aprirla, ma io ero più alta di lui, sebbene avesse un anno in più. *Levati* gli gridai, lo feci al posto suo, spalancai la finestra e infilai il braccio tra due sbarre. Posso uscire da qui, pensai. Adriano mi tirava per la manica del pigiama. Ma io, testarda, infilai la testa e non fui più capace di toglierla. Adriano corse a chiamare mia madre e mentre lei urlava, io piangevo. Avevo paura che mi avrebbero tagliato la testa. Mio padre mi mise in punizione per tre settimane, mi costrinse a spalare la neve fuori casa per due giorni. Poi si impietosì e mi lasciò fare un pupazzo di neve.

«Papà, da dove viene la neve?» gli chiesi mentre montavo la testa del pupazzo.

«Dal cielo.»

«La buttano giù gli angeli?»

«No, gli angeli stanno in paradiso» rispose serio.

«E allora da dove viene?»

«Dalla luna» sussurrò Adriano che stava sbattendo la testa sulla neve. Mio padre lo aiutò ad alzarsi.

«Che scemenza» lo liquidai.

«Non è una scemenza, la neve sulla luna suona bene» lo difese mio padre e sorrise a Adriano.

Da quel giorno ho imparato ad assegnare un punteggio alle cose bizzarre che mi succedono. Direi che la mia testa infilata lì dentro merita un bel sei e mezzo; essere bocciata all'esame di psicologia clinica un quattro, se si considera che avevo imparato il programma a memoria, ma volevo ripetere il corso perché ero cotta del professore, un Dylan McKay, stile *Beverly Hills, 90210* con gli occhiali da intellettuale maledetto. Cinque per il vecchietto sotto casa che mi aspetta con una rosa la mattina. Sette per il giorno del mio matrimonio quando arrivai in chiesa con l'abito macchiato delle rose blu che avevo scelto per il bouquet. E decisamente dieci per essere venuta a Napoli, in casa di mia madre, con due miei pazienti. Ragazzini e innamorati. È folle persino per me.

Mattia e Giulia stanno aiutando mia madre prima di andare al b&b. Lego la sciarpa, aggiusto il cappotto e salgo in terrazzo senza far rumore. L'aria è gelida. Mi siedo sulla poltrona di vimini. Da quassù Napoli sembra eterna, come se i problemi, le dicerie o le cose brutte non le appartenessero.

«Stai congelando» dice mia madre sedendosi accanto a me e stendendo su di noi un plaid rosso. Siamo strette qui sotto, come quando avevo sedici anni e guardavamo le telenovelas brasiliane alla tivù.

«Si sta bene qui fuori» e si accende una sigaretta.

«Ci è sempre piaciuto l'inverno.»

«E la neve» ricorda triste.

«Mamma, scusa se non ti telefono spesso, o se non vengo qui.»

«Lo so, lo so, mia figlia ha una marea di cose a cui pensare.»

«Che fai, mi prendi in giro?»

«Giulia ti somiglia. Mi ricordo quando avevi la sua età, *Mamma guarda come giro sulle punte*, mi dicevi la sera quando Adriano non ne voleva sapere di smetterla con il flauto. A Napoli, per strada, c'è sempre questa musica nell'aria, qualcuno che canta, barboni che suonano, forse a volte me lo immagino. Il suono del suo flauto mi fa spesso compagnia, come se fosse lui davvero, come se mi dicesse *Mamma, ascoltami, sono diventato davvero bravo.* Mi chiamava poco mamma, si riempiva la bocca di *Papà, posso uscire, papà, accompagnami, papà, ascoltami.* Così quando tuo padre è morto ho avuto paura che Adriano smettesse di parlare o che peggiorassero i suoi tic. Ma aveva te. Eri la sua migliore amica, più di una sorella» sospira.

«È passato così tanto tempo.» Le stringo le mani sottili e gracili.

«C'è qualcosa che vuoi dirmi, Angela?» Mi guarda e mi fa sentire un'adolescente che ha appena combinato un disastro e non sa come rivelarlo alla madre. I suoi occhi incollati ai miei mi trascinano in una cucina di Roma con le finestre sempre aperte e la torta di noci appena sfornata. Basterebbe poco e potrei confidarmi con lei. *Ecco*, comincerei, *questi sono Giulia e Mattia e io li sto aiutando perché mi ricordano Adriano. Ed è come se lui fosse ancora qui, come se non fosse morto quella maledetta notte. Ma li ho usati*, aggiungerei, *per venire qui e dirti che sono incinta. Non volevo venirci da sola e di certo non potevo chiedere a Sam. Non gli ho neppure detto che sono incinta.*

«No, davvero, sto solo aiutando questi ragazzi a risolvere un problema» rispondo piccata.

«Ma lo sai come la penso. Tuo marito non è qui.» La sua voce si fa dura.

«Mamma, non ricominciare, ti prego.»

«È la tua vita, lo so, ma lui non c'era a Pasqua, lo scorso Natale, non c'è mai.»

«Voleva venire, sono stata io a dirgli di no.»

«Non puoi tenerlo lontano per sempre. È innaturale.» Mi sento ferita. Questo è un nervo scoperto e lei lo sa. Sam mi ha chiesto di venire, ma l'ho tenuto fuori come sempre.

«Sto lavorando, sono venuta qui per un motivo.»

«Grazie allora di essere passata a trovarmi.» È amareggiata, come sempre quando parliamo per più di cinque minuti.

«Mamma.»

«Andiamo a letto, domani dovete svegliarvi presto.» Si alza lasciandomi sola con il plaid. La sento scendere per le scale, gradino dopo gradino, prima un piede e poi l'altro e la stampella che struscia sul marmo. Un incidente d'auto le ha compromesso l'uso della gamba destra. Vive a Napoli da tre anni, dopo il mio matrimonio non voleva restare sola in una casa piena di fantasmi. *Li vedo persino di giorno*, mi diceva spesso. So che ha ragione su me e Sam. Ci siamo conosciuti al liceo, lui era quello ricco e corteggiato, io la fidanzata del suo migliore amico. Poi Adriano è morto, e tutto è cambiato. A volte l'amicizia sembra eterna, poi la vita ti schiaffeggia e rifai i conti daccapo. Mi ha amata dall'inizio come si può amare una sola volta nella vita, mi sopporta, conosce la mia tristezza, sa quanto sia importante il mio lavoro. E conosce il modo in cui lo tengo a distanza, non per disinteresse ma perché sono troppo impegnata con il dolore. Il mio o quello dei miei pazienti.

Mi stringo nel plaid e guardo l'orologio: è tempo di andare.

Io e Angela non parliamo durante la colazione, né mentre ci prepariamo per la mattinata. Andremo da Alessio, abbiamo un indirizzo, ieri gli ho scritto un messaggio per avvisarlo della nostra visita di stamattina ma non mi ha risposto. Non ho specificato, però, che ci andrò con Mattia e la mia psicoterapeuta. Stanotte non ho chiuso occhio, così cerco di nascondere le occhiaie con il correttore ma ne metto troppo e alla fine sembro una che è appena tornata da una vacanza in Messico. Lascio i capelli sciolti, scelgo un maglione a collo alto e il cappotto con il cappuccio grigio, stivali bassi. Sono agitata come se dovessi presentarmi a un appuntamento romantico. Angela si aggira per la stanza furtiva. Ne dividiamo una matrimoniale, mentre Mattia dorme in fondo al corridoio.

«Siete pronte?» Mattia compare sulla porta. Indossa dei jeans chiari, una felpa azzurra dell'Hard Rock Cafe di Barcellona. Si infila il giubbino e mi tende la mano.

«Andiamo» gli prendo la mano anche se la mia destra trema un po'. È da ieri che l'ho notato, forse dovrei dirlo ad Angela. Appunto mentale. Lui mi accarezza la testa e mi stampa un bacio sulle labbra anche se Angela è lì con noi. Sono solo le dieci ma i bar sono già pieni di gente, e alla funicolare c'è la fila per il biglietto.

«Di qua» ci dice Angela appena scendiamo e la seguiamo. «Passeremo per via Roma e taglieremo per piazza del Gesù. Ho scelto una strada un po' più lunga così avremo tempo per guardarci intorno, per prepararci» e mi studia, quasi preoccupata. Un gruppo di ragazzini sta posizionando gli strumenti di fronte a un edificio della bnl. Proseguiamo e incrociamo quella che dovrebbe essere piazza del Gesù. Al centro c'è un obelisco, intorno bar e palazzi d'epoca.

Pullula di studenti che rollano le sigarette. Una ragazza dai capelli rosso fuoco fissa Mattia e gli sorride sorniona. Io d'istinto gli stringo la mano e lui ridacchia compiaciuto. Ma lei ci viene incontro lo stesso.

«Ti va?» e gli offre una sigaretta. Angela assiste alla scena, aspettando la mia reazione.

«No» rispondo al suo posto.

«Lo stavo chiedendo a lui» insiste.

«Grazie, ma la mia ragazza odia il fumo.» Continuiamo a seguire Angela tra la folla. «Cazzuta» mormora.

«Come?»

«Sei stata cazzuta» mi sussurra.

Il mio cuore accelera, non so se per le sue parole o perché stiamo per arrivare. Almeno credo.

«In quella strada a destra c'è la cappella Sansevero» ci spiega Angela. «Più tardi possiamo tornare a visitarla.»

Superiamo la gente in coda e svoltiamo in uno dei vicoli che a me sembrano tutti uguali. Angela prende l'iPhone dalla borsa e imposta l'indirizzo sul navigatore.

«Mia madre mi ha spiegato la strada giusta da imboccare, ma mi sono persa.» *Proseguire in direzione nord-est*, dice il navigatore.

«Dio, come si disattiva questa voce?»

«Ah, non guardare me» fa Mattia.

«Ci penso io.» Mi dà il cellulare e ora sono io a guidarli. L'uno dietro l'altro passiamo per i bassi. Iniziano a tremarmi le gambe, come se essere in testa al gruppo mi caricasse di un'ansia maggiore. Alcune signore anziane sono sedute fuori dai portoni e chiacchierano tra di loro come se fossero nel proprio salotto.

Nonostante il freddo, è una bella giornata di sole. Il chiacchiericcio si interrompe all'improvviso e ci fissano come in attesa.

«Chi cercate?» ci chiede una donna con la gamba appoggiata su uno sgabello basso.

«Alessio Napolitano» dice pronta Angela.

«O' figl 'e Carmelina?»

«Sì.»

«La madre abita due case avanti, vedete, ci sta il nome fuori.»

«Grazie.»

«Signurì, sono figli vostri? Comm so bell.»

«No, sono la loro insegnante» mente Angela. Noi cerchiamo di non ridere.

«Ah, è una gita?» ci chiede tutta contenta.

«Una specie.»

«Napule è bella assai, buona giornata signurì.»

«A lei.»

Seguendo le indicazioni arriviamo all'ultimo portone della strada. Il cancello è aperto e dentro un cortile circolare conto tre palazzi dall'aria semideserta. Ma devo subito ricredermi perché il vociare è così forte che quasi sembra di essere a piazza di Spagna. Le voci arrivano da dietro le persiane verdi, o dai bassi al pianoterra. Ci guardiamo intorno, Angela si avvicina a una delle scale esterne. Sul citofono trova il campanello giusto. Nessuno risponde, dopo un po' una bambina si affaccia da una delle finestre in alto.

«Chi è?» chiede gettando i boccoli biondi giù per il cornicione.

«Cerchiamo Alessio, Alessio Napolitano.»

«Nonna, nonna.» La bambina sparisce e al suo posto compare la testa tutta bianca di una donna.

«Terzo piano, saglit» e non dice altro. Saliamo la scala di pietra dai gradoni alti.

Arriviamo al terzo piano che siamo tutti e tre senza fiato.

«Sono fuori allenamento» si lamenta Mattia.

«Se abitassi qui mi ci vorrebbero dei polmoni nuovi» gli faccio eco.

Sul pianerottolo c'è solo una porta semiaperta. Angela bussa lo stesso e poi entriamo. L'ingresso è buio, le luci sono spente, così andiamo verso le voci che arrivano da un televisore. La donna di prima è seduta a un tavolo rotondo, in una cucina stretta e lunga dal mobilio quasi inesistente. Entriamo in fila.

«Buongiorno, signora» si presenta Angela. «Possiamo entrare?»

«Sono Carmelina, prego, assittatev.» Lo facciamo, ci sediamo di fronte alla signora Carmelina. Lei per un po' ci studia, come se non capisse il motivo della nostra presenza ma non volesse neppure saperlo. È una donna grossa, fa fatica persino a spostarsi sulla sedia di plastica bianca, l'aria bonaria, i capelli bianchissimi e le mani rovinate.

«Vi faccio un caffè.» La cucina è più luminosa dell'altra stanza, c'è un piccolo terrazzo su cui sono allineate tre piante in bella mostra.

«Non si disturbi.»

«Ma quale disturbo. Nunzia, fa nu bel caffè, a' nonna.» La bambina compare sulla porta. È più grande di quanto immaginassi. I capelli biondi e ricci, gli occhi grandi, la pelle chiara. Non dice niente mentre si muove alle nostre spalle preparando il caffè. Immagino Alice qui seduta con noi, tra Nunzia e donna Carmelina.

«Siamo qui per Alessio Napolitano» dice Angela, impaziente.

«Ha fatto qualcosa?» La signora Carmelina si agita sulla sedia.

«Stia tranquilla, avevamo un appuntamento.»

«Qui?» ci chiede sinceramente sorpresa.

«Sì, ci ha scritto di venire qui.» È sempre Angela a parlare mentre io mi mordo le dita.

«Forse avete sbagliato persona.»

«È sicura che suo figlio non ci sia?»

«Alessio non si fa vedere da mesi» dice asciutta.

«Ma è stato lui a dirmi di venire» mi esce di getto. Tutti mi guardano. Angela, Mattia e la signora Carmelina che gira la sedia nella mia direzione. Persino Nunzia pare interessarsi.

«E tu comm' ti chiamm?»

«Giulia» dico solo.

«Donna Giulietta da Casoria, porti il nome di una santa a me cara. E tu?» Ora fissa Mattia.

«Mattia, ma a quanto ne so non ci sono santi degni di nota.»

«Niente di meno? Mattia l'apostolo. La conosci la sua storia?» Mattia scuote la testa. Carmelina sembra in trance mentre prende a raccontare.

«Quando Giuda tradì Gesù, si doveva scegliere il dodicesimo apostolo, il sostituto di Giuda. La scelta poteva essere Giuseppe, chiamato Barsabba, ma il sorteggio favorì Mattia, il predicatore.»

«È una appassionata di storia della religione?» le chiede Mattia.

«No, la passione è per gli studiosi, i professori, io prego il Signore, vado in chiesa e chiamo tutti i santi, a uno a uno, perché la giornata finisca bene.»

Nunzia ci porta il caffè in tazzine scure e basse. Lo prendiamo in silenzio, è già il terzo da questa mattina.

«Che volete da Alessio?» Cambia tono quasi spazientita, come se il tempo che ci ha concesso stesse per finire.

«Io conosco, conoscevo...»

«Mirella, sua nipote» interviene Angela. «Siamo di Roma e Giulia ci teneva a salutarla, si sono conosciute quando Giulia è venuta in gita qui a Napoli.»

Guardo Angela, sta mentendo ma lo fa con una disinvoltura disarmante.

«Non ci stanno, e non tornate a cercarlo, non lo vedo da mesi.» Carmelina si alza. Traballa sulle gambe mentre struscia i piedi sul pavimento.

«È sicura?» chiedo.

«Stai paziann, criatù, mio figlio lo chiamavano Alessio il cantastorie. O' sai perché?»

«No» le dico per tutti.

«Racconta le storie, è nu bugiard.»

«Questo è il mio numero, se suo figlio dovesse tornare.» Angela le annota il numero di telefono su un foglietto. Poi si alza e noi la imitiamo.

«Non torna» dice secca.

«Se torna, lei mi chiama e fa un piacere a questa ragazza, va bene?» Angela è perentoria.

«Va bene» si arrende Carmelina, che non ci accompagna alla porta. Nunzia sembra sparita.

Quando siamo in strada nessuno dice niente. Mattia si appoggia al cancello.

«Ora vorrei una delle sigarette di Francesco» confessa sconsolato.

«Ci chiamerà» mormora Angela quasi volesse convincersene lei per prima.

«E se non chiama? Siamo venuti fin qui per niente.» Angela allora mi si avvicina. È la prima volta che ci parliamo davvero da quando siamo arrivate.

«Te l'ho promesso, ok? Chiuderemo questa cosa. E se Alessio non dovesse farsi vivo, be', siamo a Napoli...»

Mente ci allontaniamo da casa di Carmelina, facciamo la strada a ritroso e le signore sono ancora sedute fuori dai bassi, come se le loro giornate passassero tra chiacchiere e qualche canzone. Attraversiamo San Gregorio Armeno con i presepi in esposizione. C'è così tanta gente che ci blocchiamo spesso tra la folla. Mattia mi tiene per mano, *Iamm bell, camminat*, grida qualcuno tra la gente. Ridiamo. Ai lati della strada ci fermiamo ad ammirare le fedeli riproduzioni dei personaggi religiosi, o di gente dello spettacolo, alcuni sono addirittura a figura intera. «Sono impressionanti» grida Mattia per farsi sentire nel frastuono delle zampogne e dei canti natalizi. E quasi dimentico che stiamo fallendo, che non siamo qui per festeggiare ma solo per ricordare.

Arriviamo alla cappella Sansevero, del Cristo velato non conoscevo neppure l'esistenza. Angela ci racconta che il principe di Sansevero era un alchimista e qui dentro faceva gli esperimenti più assurdi. Mattia continua a scattare foto mentre ci muoviamo a fatica tra i turisti.

«Dove l'hai presa la Nikon?» chiedo a Mattia mentre ci spostiamo verso piazza del Plebiscito. La gente continua a scorrere come un fiume in piena, ed è difficile persino parlarci senza urlare.

«Federica voleva che facessi qualche foto. Ecco, fermatevi lì voi due, mi piace lo sfondo» ci intima Mattia che sembra come posseduto con la macchina fotografica in mano. Facciamo una smorfia di disappunto.

«Iamm bella» grida Mattia invitandoci a metterci in posa e ridendo del suo dialetto tutto storto.

«*Iamm bell*» lo corregge Angela avvicinandosi. Mi passa un braccio intorno alle spalle.

Piazza del Plebiscito è uno spazio aperto che ti coglie impreparata. Non sai dove puntare lo sguardo. Mattia scatta una foto a me e Angela strette con il colonnato alle spalle. Mangiamo la pizza da un venditore di strada e poi ci fermiamo a guardare il mare. Ogni tanto Mattia cerca la mia mano, ma è tutto preso dalla Nikon e continua a scattare impazzito. Passiamo il pomeriggio passeggiando sul lungomare, ci fermiamo tra le bancarelle e Castel dell'Ovo. Ora è Angela a scattarci qualche foto. Io sorrido imbarazzata all'obiettivo mentre Mattia mi bacia sulla guancia. Mia mamma chiama tre volte e si fa passare Angela di continuo. *Non fumare, non ti appartare e non ti allontanare da Angela, e sì, insomma, hai capito, non farmi preoccupare.*

Ci avviamo sfiniti verso casa, mentre per strada una donna anziana suona un violino. Le lascio una moneta.

Poche cose mi commuovono, a parte la morte. Mio padre che rimbocca le coperte a mia madre, anche se lei le scalcia sempre via, un film di cui so già il finale. Una poesia trascritta con il pennarello rosso sul muro della metro di Roma, fermata Termini. E una vecchia seduta all'angolo di una strada che suona il violino. Ha i lineamenti dell'est, i capelli bianchi e lunghi, le mani affusolate e lo sguardo perso.

Poco più avanti ascoltiamo le parole di una canzone napoletana, nessuno sa da dove provengano ma tutti si fermano a cantarla.

Fenesta vascia 'e padrona crudele,
quanta suspire mm'haje fatto jettare!
Mm'arde stu core, comm'a na cannela,
bella, quanno te sento annommenare!
Oje piglia la 'sperienza de la neve!
La neve è fredda e se fa maniare...
e tu comme si' tanta aspra e crudele?!
Muorto mme vide e nun mme vuo' ajutare!?...
Vorría addeventare no picciuotto,
co na langella a ghire vennenn'acqua,
Pe' mme ne jí da chisti palazzuotte:
Belli ffemmene meje, ah! Chi vo' acqua...
Se vota na nennella da llá 'ncoppa:
Chi è 'sto ninno ca va vennenn'acqua?
E io responno, co parole accorte:
So' lacreme d'ammore e non è acqua!...

Federica ci prepara la cena, stavolta la convinciamo a mangiare in cucina dopo l'intera giornata trascorsa fuori.

Mi fanno male i piedi. Le raccontiamo del nostro buco nell'acqua. Mattia le restituisce la macchina fotografica, ci dice che domani lei svilupperà le foto e ci mostrerà la camera oscura.

Poi rientriamo al b&b.

«Stai bene?» Io e Mattia siamo in camera sua, ho promesso ad Angela di lasciare la porta aperta.

«Ci contavo, nella mia mente avevo immaginato ogni cosa. Secondo te perché mi ha fatto venire fin qui?»

«Forse ha avuto un imprevisto.»

«O ha cambiato idea, non è pronto. Magari Mirella non voleva più conoscermi.»

«E tu sei pronta?» Ci sdraiamo sul letto. E ci guardiamo senza toccarci.

«Lei lo farebbe per me.» Mattia allunga un braccio e mi tira verso di sé. Appoggio la testa al suo petto. Indossa solo una T-shirt nera aderente. Prende a giocare con la lampo della mia felpa.

«Secondo te quanto tempo abbiamo?» mi chiede sorridendo.

«Direi che abbiamo già sprecato cinque minuti buoni.»

«Be', sai, la mia ragazza è un po' pazza, va da una psicoterapeuta, non posso pensare solo a quello.» Ecco, è il modo in cui mi fa ridere a farmelo desiderare così tanto. Mi scoppia il petto, e il cuore sembra voler saltare fuori.

«Baciami» gli dico.

E lui mi bacia a lungo, dapprima con dolcezza, poi le sue mani si fanno strada sotto la felpa, e ancora sotto la T-shirt. Quando trova il mio seno lo accarezza con cura.

Tremo tra le sue braccia. «Giulia» dice il mio nome come un'invocazione ma non aggiunge altro perché Angela irrompe nella stanza.

«Giulia, per favore seguimi in camera.» Mattia non si scompone, si rimette in piedi, mi indica il cellulare. «Ti scrivo.»

Seguo Angela lungo il corridoio. Io sono ancora stordita, confusa ed eccitata. Abbasso lo sguardo.

«Lo sai vero che tua madre si fida di me?» È incazzata.

«Non stavamo facendo niente.»

«Non sono nata ieri.»

A letto non riesco a dormire. Ripenso ad Alessio e mi viene in mente che forse non lo conoscerò mai, così come è successo ad Alice. Poi la sogno, ma non sto dormendo.

Eccola, si muove nella stanza, quasi si sdraia tra me e Angela. Non parla. Ho gli occhi pesanti, e l'ultima cosa che sento sono le sue mani che mi accarezzano.

Riconosco piazza del Plebiscito. Alice è seduta dietro le colonne, quasi nascosta alla mia vista. Sento la sua presenza prima di vederla. Indossa l'immancabile vestito bianco lungo, che le svolazza intorno ai piedi quando si alza e viene verso di me. Ha i capelli raccolti sulla nuca, le piace tenerli così e scoprire il viso perfetto. La piazza è deserta, siamo solo io e lei. Così le vado incontro.

«Mi piace il tuo cappotto» dice. Mi guardo i vestiti. Sono gli stessi di stamattina.

«Sei così reale.»

«Nei tuoi sogni, lo sono quanto te.»

«Mi manchi.»

«Ma se sono sempre qui.» Sorride e quasi sono tentata di pensare che non sia un sogno. Che questo stia accadendo davvero.

«Alla fine sei venuta a Napoli, ti aspettavo da così tanto.»

«Tuo padre non c'era.»

«Non sempre le cose sono come sembrano.» Si avvicina fino a toccarmi il braccio. Ho freddo, mentre lei sembra a suo agio nel suo vestito con le spalline sottili.

«Mi dispiace, ho fallito.»

«Sei sempre stata così melodrammatica, hai fatto tutta questa strada e ti arrendi?» Mi volta le spalle e si allontana. Ma io ho ancora bisogno del suo contatto.

«Ti prego, resta.» Si volta.

«Stai per svegliarti. La verità è sotto i tuoi occhi, è sempre sotto i nostri occhi.»

Inizia a ballare, si muove lentamente, ondeggia delicata e si abbraccia da sola. Poi smette di colpo, distende le braccia, puntando il suo sguardo nel mio. E in un attimo la pozza rossa le si allarga sul petto.

«Come questa» e mi indica la sua ferita. «Apri gli occhi. Buongiorno, Giulia.»

Poi svanisce.

Capitolo XII

MATTIA

Le farfalle sbattono le ali durante il corteggiamento. È stata questa la mia prima lezione all'allevamento. Mario se ne stava tutto serio come un professore in cattedra a spiegarci i comportamenti delle farfalle in amore. Eravamo in due, io e Matteo, un ragazzo brufoloso che restò all'allevamento giusto il tempo di fare qualche casino con i terreni.

«Spesso il maschio si nasconde tra l'erba, aspetta la compagna prescelta e le va incontro in volo. Come nel caso degli esemplari di *Zerynthia polyxena*.» Eravamo nel cortile d'ingresso, impacciati, senza la minima idea di cosa avremmo trovato all'interno dell'allevamento. «Dobbiamo conoscere a memoria i nomi di tutte le farfalle presenti in queste stanze?» gli chiese Matteo. Mario sbuffò senza darsi la pena di dissimularlo.

«Intanto le stanze si chiamano allevamento principale,

quello più grande alla tua destra» e con le mani indicò la serra più estesa, «e allevamento tropicale quello più piccolo, dove teniamo le specie non autoctone.» Matteo tirò fuori un taccuino. Mario indossava la tuta sebbene fosse agosto e ci fossero trenta gradi.

«Dicevamo del corteggiamento, la maggior parte delle farfalle utilizza l'olfatto per riconoscere il proprio partner. Hanno degli organi appositi sul corpo per produrre sostanze odorose.» Si avviò all'interno. «Seguitemi, vi faccio vedere.»

Matteo ripose il taccuino nello zaino sulle spalle. Lo trovavo buffo. Io mi avvicinai a Mario, avevamo già una certa confidenza. Ero sbalordito dall'organizzazione della serra, dove tutto sembrava in continuo movimento. Persone entravano e uscivano dai capannoni mentre le farfalle sbattevano le ali, ruotando in cerchio e creando dei suoni appena percettibili.

«Perché la prima cosa di cui ci hai parlato sono questi riti d'amore?» chiesi sottovoce a Mario. Lui mi guardò sorridendo.

«Tutto riguarda l'amore nella vita.»

Aspetto Giulia giù in strada. Voglio che tutto fili liscio. Ho chiesto e ottenuto il permesso di passare con lei la mattinata, a patto di rispettare il programma. Quando ho spiegato ad Angela la mia idea, ha acconsentito solo perché vede Giulia demotivata e stressata. Abbiamo studiato insieme il percorso, i mezzi da prendere, la strada da seguire. Quando Giulia mi raggiunge, indossa il cappotto grigio che lascia aperto su un vestito azzurro cielo con delle calze abbinate. I capelli sciolti sulle spalle e il trucco appena accennato. Orgoglioso, le prendo la mano e ci avviamo alla metro.

«Vuoi dirmi dove stiamo andando?» mi chiede aggrappandosi a me tra la folla in metropolitana.

«Non ami le sorprese, vero?»

«Mi conosci troppo bene.»

Arrivati alla fermata giusta, scansiamo la folla e ci ritroviamo a respirare l'aria fresca. Il sole di questi giorni si nasconde dietro nuvole grigiastre e minacciose. Cerco in tasca la cartina, mi oriento e guido Giulia fino all'orto botanico. Accediamo all'edificio tutto bianco da una doppia scala esterna.

«Aspettami qui, torno subito.» Mi avvicino alla guardiola e parlo con il custode. Faccio cenno a Giulia di seguirmi.

«Devo avere paura? Sembri una spia russa in missione segreta» mi dice camminandomi a fianco.

«E non hai ancora visto nulla.»

Riconosco Simone dalla descrizione che me ne ha fatto Mario. Sulla trentina, brizzolato, occhialini rotondi e l'aria da nerd. Mi avvicino e lui si illumina tutto quando capisce chi sono.

«Lei è Giulia» dico a Simone. Si stringono la mano.

«Allora Mattia, se siete pronti, seguitemi pure.» Ci avviamo per un giardino in cui ci sono alberi secolari. È come lo avevo immaginato.

«Vuoi dirmi come lo conosci?» mi bisbiglia Giulia, curiosa.

«Ci conosciamo tutti, noi allevatori di farfalle o aspiranti tali.» La verità è che Simone è un amico di Mario di vecchia data. Hanno sempre condiviso la stessa passione.

Simone è romano di nascita, ma vive a Napoli da una decina di anni. È il curatore della mostra sulle farfalle che occupa un'area riservata dell'orto botanico. La mostra sarà aperta al pubblico dal prossimo aprile. Così oggi saremo i soli a visitarla.

«Mario mi ha parlato di te, sostiene che sei in gamba» dice Simone facendoci strada.

«Ho avuto un ottimo maestro.» La verità è che i complimenti mi imbarazzano.

«Questa è l'area dedicata alle felci.» Superiamo il cartello con la scritta FILICETO. «Da quella parte c'è l'agrumeto» ci dice Simone. «Ecco, questa è la Butterfly House.» È una stanza tutta bianca. La prima cosa che noto è l'enorme modello 3D appoggiato a una scala a chiocciola che conduce in un altro ambiente. Riproduce una farfalla che immagino serva durante le visite guidate. Giulia emette un grido soffocato quando si accorge delle farfalle che le volano intorno. La stanza ne è piena. Ci sono esemplari diversi, ne riconosco solo alcuni.

«Incredibile, vero?» ci dice orgoglioso Simone. Giulia ha gli occhi lucidi. Una farfalla le si posa sulla manica del cappotto.

«Questa è l'*Idea leuconoe*, viene definita anche aquilone di carta, è un esemplare delle Filippine.» Giulia la fissa stupita. Ha paura di toccarla, così Simone la prende tra le mani e le chiude a coppa. «Tra tutte è quella che preferisco.»

«Grazie» dice solo Giulia guardandomi.

«Di sopra potremo guardare il filmato.» Saliamo e con l'aiuto di un proiettore Simone ci impartisce una vera e propria lezione sulla vita delle farfalle.

Quando lo salutiamo ci raccomanda di continuare la visita dell'orto botanico, che invece è affollato.

«Sei incredibile» mi dice Giulia quando siamo soli.

«Tu con questo vestito sei più che incredibile.» Ci fermiamo sotto un albero mentre alcuni turisti ci passano davanti.

«Grazie di essere venuto, di non essere scappato» mi dice prima di avvicinarsi.

Quando la bacio, sa di Pan di Stelle e farfalle. È come carezzare le loro ali o tenerne in mano una mentre continuo a stringerla a me.

«Ci stanno guardando.» Fissa i ragazzini con la coda dell'occhio.

«Li conosci?» E riprendo a baciarla infilandole le mani sotto il cappotto.

«Facciamo cose come questa, vedere farfalle, cercare gente sconosciuta, andare in giro con la psicoterapeuta.»

«Ex per me, grazie» la interrompo.

«E non parliamo di cose stupide. Non so neppure quale sia il tuo film preferito, come si chiama tuo padre, perché non hai fratelli. O che musica ascolti» mi dice quando si stacca da me.

«Giulia, non credo lo faremo mai viste le premesse.»

«Visto che sono pazza?»

«Vuoi smetterla di piangerti addosso?» Non so cosa mi prenda, ma all'improvviso sono incazzato. «Sei bellissima, intelligente, hai questi occhi pazzeschi e dici delle cose che mi fanno sentire dannatamente fortunato. Ma poi ti nascondi dietro una tragedia.»

«Non mi nascondo» dice a voce bassa mentre io invece la alzo.

«Lo fai di continuo, ma a tutti succede di star male. A tutti muore qualcuno, prima o poi. Ma il mondo non si ferma per questo.»

Restiamo così per un po', io cammino nervosamente e lei trattiene le lacrime.

«Ho fame» dice per non restare in silenzio.

Avevo pianificato anche questo. Il pranzo. È stata Federica a dirmi dove portarla. È una delle pizzerie più rinomate di Napoli e a giudicare dalla fila che troviamo all'ingresso direi che aveva ragione. Mangiamo in silenzio una margherita strepitosa, e poi camminiamo per i vicoli di San Gregorio Armeno con i presepi esposti.

«Io e Alice dovevamo partire per Londra. Sognavamo questo viaggio da una vita» mi dice quando ci fermiamo su una panchina. Io le prendo la mano e la sento rilassarsi. «Avevamo convinto i miei a lasciarmi andare. I suoi genitori erano sempre più permissivi, come se avessero paura di contraddirla. Era stata lei a convincere mia madre. Da grande voleva diventare medico, ma sono sicura che avrebbe fatto strada anche come avvocato. Avevamo programmato i cinque giorni a Londra, saremmo state da sua zia Alberta, avremmo visitato il Tower Bridge, la National Gallery, avremmo mangiato in qualche pub a Camden Town, visto gli artisti di strada. Sarebbe stata una di quelle vacanze di cui parlare per mesi e mesi.» Senza dire niente la stringo forte tra le mie braccia.

«E tu da grande che vuoi fare?» le chiedo.

«Non ci ho mai pensato.»

«Sogno nel cassetto?»

«Sembrerà strano, ma non sono una di quelle ragazze che hanno fretta di crescere.»

«Ah no?»

«Non tutti hanno una passione, come la tua. Prima avevi ragione, la mia migliore amica è morta ma non voglio che questo mi definisca. Che io sia per sempre la ragazza sfortunata che va dalla psicoterapeuta per non impazzire» dice d'un fiato. Appoggia la testa sulla mia spalla. «Davvero, io me ne starei così su questa panchina con te per sempre. E vorrei sempre tutti i miei sedici anni con me.»

«Così sarai sempre una minorenne.»

«Hai paura che ti arrestino?» ride.

«Ho paura di sembrarti troppo grande. Vedi, io non sono mai stato con una ragazza, intendo veramente, come vorrei stare con te. Non so come essere un fidanzato ma so come essere un amico.»

«Vuoi essere mio amico?»

«No, vorrei essere tutto per te.»

«Per ora sei il ragazzo fico che bacia divinamente. Può bastare?» lo dice e arrossisce.

«Quando torneremo a Roma uscirai con me? Un vero appuntamento tra due adolescenti.»

«Con tanto di McDonald's?» È seria.

«Assolutamente.»

«Sembra perfetto.»

Passiamo il pomeriggio a casa ad aspettare che Alessio chiami. Angela prova a telefonargli, ma il cellulare è sempre staccato.

«Domani torneremo dalla signora Carmelina» annuncia Angela quando ormai è sera e sta sparecchiando.

«Credi ne caveremo qualcosa?» le chiedo scettico.

«Sempre meglio che restare ad aspettare» dice, nervosa. Siamo seduti sul divano, io, Giulia e Federica.

«Potrei venire con voi» propone Federica, «magari a me darà retta.»

«No, mamma, forse è meglio se ci vado da sola.»

«Vuoi dire che io e Mattia non verremo?» dice Giulia quasi delusa posando il telecomando.

«Lasciatemi provare.»

«Angela, io voglio esserci, è per me che siamo qui. Voglio vederlo.» Angela non le risponde, si limita ad annuire.

Come promesso dopo cena Federica ci mostra la camera oscura. È una piccola stanza, doveva essere uno sgabuzzino, ci spiega, ma invece degli scatoloni ci ha messo dentro le vaschette. Alcune foto sono appese ad asciugare. «Ecco, questa è per te» dice Federica porgendo a Giulia la foto in cui le do un bacio sulla guancia. Un attimo perfetto.

Restiamo in silenzio mentre esegue con scrupolo tutte le operazioni. Passa con cura la pellicola da una vaschetta numerata all'altra, aiutandosi con delle pinzette.

«Vent'anni fa l'attrezzatura non si reperiva così facilmente. Ora è tutto su internet.»

«Eri una fotografa?» le chiede Giulia osservando ancora la foto.

«Quando mio marito è morto, ho iniziato a lavorare in un piccolo studio fotografico.» Mentre lo dice inizia a smontare un secondo rullino dalla Nikon. «Ho sempre fotografato tutto quello che mi appassionava. Alle volte mio marito, quando finiva di lavorare, mi portava nei boschi per qualche scatto. Odiava mettersi in posa, così ho poche foto di lui. Ma lo ricordo perfettamente, come se fosse uscito di casa questa mattina.

«La fotografia è come un amore, un amore vero. È il modo in cui restiamo aggrappati alle cose. Gli anni passano ma una foto può farti ringiovanire.» Prende una foto che penzola solitaria. Quando riconosco Adriano sussulto.

Giulia mi guarda senza capire.

«È Adriano, mio figlio.» Giulia è sorpresa ma non fa domande. «Ancora oggi sento la sua presenza. Non è bastato andare via da Roma. Adriano aveva la sindrome di Tourette, è un disturbo che comporta tic nervosi e ossessioni» continua Federica. «Angela non ama parlarne.»

«Com'è morto?» chiede Giulia, dando voce anche ai miei pensieri. Prende la foto con mani tremanti.

«Forse non è il momento giusto per parlarne. Forse non dovrei pensarci e basta. Torniamo di là prima che Angela venga a cercarci.»

È l'una passata quando spengo la luce in camera e mi tuffo sul letto. Ho chiamato mio padre per fargli sapere che sono vivo, mi ha riempito di domande sulla casa e la mamma di Angela. «Comprami una calamita» mi ha chiesto alla fine, come se fossi andato oltreoceano. Mia madre le collezionava, chiedeva a chiunque andasse fuori, anche solo per qualche giorno, di portarle una calamita. Aveva comprato una lavagna magnetica e l'aveva riempita di calamite.

Sto per addormentarmi quando qualcuno entra nella stanza. Quando riconosco Giulia, credo di essermi addormentato e che sia tutto un sogno. Ha messo sul pigiama una felpa nera e ha aggiustato i capelli. La stanza è al buio, salvo la luce dell'abat-jour sul mobile basso a sinistra del mio letto.

«Ehi.» Ho la gola secca, così deglutisco più volte.

«Dormivi?» Resta al centro della stanza senza avvicinarsi.

«Sì, no, quasi.»

«Sei nervoso?»

«Non ti aspettavo.»

«Vuoi che vada via.» Di colpo è allarmata.

«No» quasi grido, così lei ride.

«Vuoi svegliare tutto il palazzo?»

«Vorrei che venissi qui» sussurro.

Ma lei resta dov'è, magari non mi ha sentito.

«Angela dorme profondamente. Guarda quanti libri.» Si aggira per la stanza e si ferma alla libreria a muro. Ho già passato in rassegna i vari libri e ho cominciato a leggerne uno. Si chiama *Norwegian Wood*.

«Ne ho preso uno in prestito» e le allungo il libro che ho sul comodino. «Parla di perdite e di ricordi e di come i ricordi a volte sostituiscano la realtà.»

«Che storia incredibile» e non so se si riferisca al libro o a quello che ci ha raccontato Federica. Posa il libro e io la attiro a me. Ci ritroviamo l'uno di fronte all'altra. E il suo respiro accelera. Così quando le sfilo la felpa e la faccio sdraiare di fianco a me, non sono sorpreso che stia tremando.

«Mattia, io...»

«Shhh, non stiamo facendo niente.» Il che non è esattamente vero, visto che la sto spogliando. Non indossa il reggiseno, così sotto la canottiera trovo i suoi seni piccoli e tondi. Lei geme e, imbarazzata, poggia le mani sul mio petto.

«Aspetta» mi dice piano. Così ci stacchiamo. «Io non sono mai stata con nessuno» dice come se fosse il più grande peccato al mondo, poi nasconde il viso sulla mia spalla. È così tenera che potremmo stare abbracciati a non far niente, e andrebbe bene lo stesso. O quasi.

«Non voglio che succeda niente che non vuoi.»

«Ma io lo voglio. Lo voglio da quando mi hai trascinata via dalla festa, e mi hai portata alla fontana. O quando siamo stati a casa tua e non mi hai baciata.» È sotto di me, così ci metto un attimo a baciarla.

«Ti fidi di me?» le chiedo.

«Sempre.» Mi allungo, prendo il preservativo dal portafogli e lo poggio sul comodino. Spengo la luce.

«Ripetimi che lo vuoi» dico senza fiato.

«Non ho mai voluto niente come ora.»

Le sfilo la canottiera e lei fa lo stesso con la mia maglia. Quando mi tocca la schiena nuda, sussulto. Gioca con i miei capelli, mi bacia il collo. Io le sciolgo la treccia, adoro i suoi capelli lunghi, che si aprono come un ventaglio arricciato sul cuscino. Le sfilo i pantaloni e faccio lo stesso con i miei. Siamo pelle contro pelle. Entro dentro di lei lentamente, la guardo. Ha gli occhi socchiusi, ed è bellissima. Mentre ci muoviamo insieme, ripete il mio nome all'infinito. Mi chiede di far piano, di non smettere, di non rallentare. E allora vado avanti. La sento sussultare e tremare, mentre affondo il viso sul suo petto.

«Stai bene?» le chiedo quando esco da lei. Si rimette la canottiera bianca.

«Tranquillo, ho solo freddo.» Torna a sdraiarsi accanto a me, mi bacia la spalla. «Posso chiederti una cosa?» sussurra.

«Spara.»

«Hai avuto molte ragazze?» Sta ancora tremando, non so se per l'eccitazione o il freddo.

«Solo una.»

«La amavi?»

«No.»

«Nel senso che lo facevate dalla mattina alla sera?» La stringo a me più forte.

«Nel senso che niente è paragonabile a questo.»

«Non avevo mai immaginato come sarebbe stato per me. Ma da quando ti conosco, l'ho sempre desiderato» mi dice baciandomi il collo. «Faresti una cosa per me?»

«Dopo questa notte, posso fare tutto per te.»

«Non dimenticarmi. Anche quando questa storia ti sembrerà così lontana che ti chiederai se sia successo tutto davvero. Non dimenticarmi» mi sussurra.

Annuisco senza parlare mentre lei si alza.

«Devo tornare di là.» Si riveste in fretta e mi stampa un bacio sulle labbra.

Vorrei che accadesse ancora, che ci svegliassimo abbracciati, ma la lascio andare.

«Sono innamorato di te» le dico quando siamo a distanza e non rischio di tenerla qui tutta la notte.

«Buonanotte, Mattia.»

«Notte, Giulia.»

Ci pensi mai a come saremo tra dieci anni? Io sarò uno scrittore famoso e tu una ballerina che calcherà i palcoscenici più prestigiosi. Ma ci sentiremo spesso, ti scriverò lunghe lettere, vivremo nella stessa città d'estate, sarà più facile organizzare le vacanze insieme. Sei mia sorella, la migliore.

Se Adriano fosse qui, mi direbbe di camminare sul marciapiede, di fare attenzione alle buche. Mi seguirebbe senza mai andare avanti, si aggiusterebbe i capelli in un gesto quasi frenetico e guarderebbe l'orologio spesso, per accertarsi che tutto stia avvenendo sotto il suo controllo. Ma mi direbbe anche che avrei dovuto portare con me Giulia, o almeno Mattia. Che lei non me lo perdonerà. Non mi perdonerà di averla lasciata a dormire e di essermi avviata da Carmelina senza di loro.

Sono le otto di mattina, il freddo è pungente ma qui è come se fosse pieno giorno, le strade affollate, i clacson impazziti, il vociare quasi assordante.

Vorrei che tu fossi felice, psicologia non ti piacerà. Sei matta di tuo, come puoi aiutare qualcuno? Ti metteresti a ballare sul lettino. Devi essere una ballerina, hai le gambe adatte e il cuore giusto. Ti muovi come se la musica ti appartenesse, vuoi gettare via tutto?

Ora Adriano mi direbbe di suonare, non lo farebbe lui stesso perché gli verrebbe uno dei suoi tic motori e passerebbe il giorno qui al citofono a premere continuamente i tasti. Ma mi sorriderebbe. Quando sorrideva rivedevo mio padre. Lo stesso sorriso, la stessa faccia timida e bonaria. Le mani grandi e gli occhi rotondi e azzurri. Mio padre li aveva marroni ma avevano davvero la stessa forma.

Non c'è bisogno di citofonare. La signora Carmelina è in cortile, sta spazzando a terra buttando acqua da un grosso secchio, che trasporta con fatica da una parte all'altra. Ed è mezzo bagnata anche lei. Quando mi vede vacilla, per poco non urla, poi si acciglia: «Sit turnat?».

«Sì.»

«State senza la banda?»

«Sono sola, sì.»

Appoggia la scopa al muro e mi fa cenno di seguirla. Non me ne accorgo subito, ma indossa una veste di cotone, quasi estiva, a maniche lunghe. Saliamo per le scale e ci ritroviamo nel suo appartamento. Ci sediamo ancora in cucina.

«Caffè?»

«Grazie.» È lei stessa a prepararlo stavolta.

«Nunzietta mia ancora dorme, povera criatura. La mamma, mia figlia Gelsomina, fatica tutto o' iuorn. Fa le pulizie al Vomero, gente ricca assai.» Non le dico che è proprio da lì che vengo.

«Carmelina, posso darle del tu?»

«Sissignora.» La moka sbuffa sul fuoco basso.

«Dimmi dove trovare Alessio, non finirà in nessun guaio. Te lo prometto.»

«Tu li tieni 'e figl?» Scuoto la testa e istintivamente mi tocco la pancia. L'anno scorso ho avuto un aborto spontaneo. Non è stata una gravidanza cercata, ma quando l'ho perso ho capito che desideravo essere una madre. Che lo desidero davvero.

«Allora non lo sai, non lo sai che significa. Li tieni dentro di te, li vedi criatur, li cresci, non mangi per farli mangiare. Io li ho cresciuti ca' dint, in questi due vasci, Alessio e Gelsomina. Due ragazzi belli e sfortunati. Nu tenev nient, manc nu marito. È muort ambress.» Si ferma solo per versare il caffè, viene a sedersi al tavolo. «Gelsomina si è innamorata di un farabutto, l'ha ingravidata e lassat senza nu' sold con Nunzietta piccola. Un poco la pensione mia, un poc mia figlia che si spaccava la schiena, ce la siamo cavata. Ma quant è nera a' notte per i poveri. Non te la auguro mai la povertà. Di vedere 'na criatura piangere perché ten 'e scarp rott, o pegg ancora perché ten famm.»

«E Alessio?»

«Alessio era un infermiere. Aveva trentadue anni quando sua moglie è morta. Per poco non moriva pure lui di collera. Non lo riconoscevo più.»

«Com'è morta sua moglie?»

«Maria, 'na bella guagliona. Nu poc ti somigliava. I capelli pure lei li portava così, sulle spalle nu poc 'e riccio. Garbata assai, nu diceva mai 'na parola fuori posto. Facev' a cameriera in un bar qua vicino. Vivevano qua, al piano di sopra. Era malata. Quando ha partorito la seconda volta, è morta. Il cuore, diceva sempre Alessio, pure sua mamma tenev a stess malattia.»

«E la figlia?»

«È nata morta.» Capisco che dice la verità. Non conosce davvero come sono andate le cose. Negli anni ho imparato a distinguere le bugie della gente. Lo senti nella loro voce, da come si fermano a fissarti in attesa. Poi abbassano la testa e aspettano che tu gli creda. Carmelina mi guarda, e il suo sguardo a mano a mano si indurisce. Come se la stessi costringendo a raccontare qualcosa di troppo doloroso.

«Ti ricordi di Giulia, la ragazza che era con me?»

«Giulietta, sì.»

«Ha sedici anni, la stessa età che avrebbe tua nipote se non fosse morta.» Un dubbio le attraversa gli occhi. «Giulia ha da poco subito un trauma, una persona cara è morta davanti ai suoi occhi, e Alessio può aiutarla.»

«E che c'entra mio figlio?»

«Carmelina, ti fidi di me?» Le prendo una mano e la stringo tra le mie. Lei non risponde subito ma poi lascia la sua mano nella mia. La gente sola tende a trovare conforto anche in un estraneo.

«Alessio non lo vedo da sei mesi, io non dico fesserie.» Sono delusa, ma non le lascio la mano. C'è così tanto dolore in questa casa che ho paura di lasciarla da sola. «Ma se vai a Montediddio, magari lo trovi. Viveva con un amico suo.» Lascia la mia mano, si sfila un pezzo di carta dalla tasca, io cerco la penna nella borsa a tracolla. Non mi sono neppure tolta il cappotto. Fa troppo freddo qui dentro. Lei ci scrive sopra e me lo passa.

«Grazie» le dico solo, e mi alzo.

«Angela, ti chiami comm' a nonna mia. Pace all'anima sua. Portava semp 'e cazzett 'e lana pure a stagion e si intrecciava i capelli come fili di paglia. A femmina, diceva, a fann 'e capill. Pregava sant'Angela tutte le sere.» Fa una lunga pausa e si guarda intorno, come ad assicurarsi che nessuno la senta. «Quand o' truov, dincell che questa è casa sua, lo aspettiamo qua.»

Nunzietta entra correndo in cucina, gli occhi assonnati, i capelli aggrovigliati. Assomiglia a una bambola disordinata, a cui non hanno ancora cucito il vestito più bello.

Ci sono stata una volta a Montediddio con mia madre. Voleva farmi vedere il panorama. Da quassù, sembra che Napoli ce l'hai a portata di mano. Arrivo a piazzetta Demetrio Salazar grazie alla voce acuta dell'iPhone che strilla dalla tasca del cappotto, e basta alzare lo sguardo per scorgere Castel Sant'Elmo, come una roccaforte che svetta su San Martino. Mi fermo e mi siedo sulla panchina che abbraccia il fusto di una quercia. Gli corre intorno disegnando un semicerchio. L'albero è così grande che quando mi siedo mi ripara completamente dal sole, che fa capolino di tanto in tanto. Ristudio il percorso, mentre mi giunge l'odore di un laboratorio di dolci. Sono quasi tentata di assaggiarne uno, ma quando leggo il nome della strada di fronte il cuore sussulta. Tiro fuori il biglietto di Carmelina, SUPPORTICO D'ASTUTI 110, ha scritto in stampatello grande. È una strada piena di bassi, con le finestre che sembrano feritoie nei muri, i calzini appesi diligentemente ai fili che corrono da un muro all'altro, come un legame di sangue che non si può spezzare. BUSSARE, c'è scritto su un cartoncino appeso a una porta dove non vedo campanelli. Qualcuno fa capolino dai piccoli terrazzi, un fruttivendolo si attarda in strada con una giovane donna molto truccata, una ragazza con gli occhiali arancioni prende appunti sul taccuino, mentre un uomo le spiega l'architettura del quartiere.

Lui zoppica vistosamente e lei ride di gusto, *Qui dietro c'è il Pallonetto*, gli sento dire, e mi superano sparendo oltre il vicolo.

Arrivo all'indirizzo segnato, cerco un campanello ma non lo trovo. Così busso alla porta verde. Nessuno viene ad aprirmi, aspetto. Ribusso. Arriva un uomo abbronzatissimo, minuto e muscoloso. Indossa un giubbotto di jeans fuori stagione che gli sta stretto sui bicipiti e sotto una maglia aderente rossa. Avrà più o meno la mia età, ma la pelle è così gialla che fatico a vederlo davvero. Stringe tra le mani due buste della spesa.

«Aspetti me?» mi dice il tipo infilando le chiavi nella toppa, e guardandomi a lungo.

«Spero di no» dico di getto, e lui ride. «Cerco Alessio, abita qui?»

«Caspita, ha queste amicizie e non mi ha mai presentato. Prego.» Entra nell'appartamento e io lo seguo. C'è un divano rosso malconcio nell'ingresso, che è anche la cucina. Le finestre sono spalancate così la luce illumina ogni dettaglio. Il televisore nell'angolo, la polvere sull'unico mobile e le bottiglie di birra sul tavolo.

«Scusami per la confusione, si vede che non ci stanno femmine in questa casa.» Continua a guardarmi in una maniera che non mi piace. Si sofferma sulle mie gambe, ho messo i leggings neri e ora mi maledico.

«Alessio c'è?»

«Chi ti ha detto di venire qui?» mi chiede sistemando la spesa. Uova, succo di frutta, Gatorade e barrette energetiche.

«Sua madre.» Sposta con la mano le bottiglie vuote di birra e quasi le fa cadere.

Sussulto senza motivo.

«Donna Carmelina e la sua lingua» mormora tra sé.

«C'è?» insisto. Non dovevo venire da sola.

«Torna presto, avrà già smontato» dice guardando l'orologio a forma di pesce alla parete. Non gli chiedo altro. Lui gira per la cucina, mette a posto e apre il frigorifero. «Un bicchiere d'acqua?»

«No, grazie.» Resto in piedi accanto alla porta.

«Sei la sua ragazza?»

«Scusami?»

«Stai con Alessio?» e sorride ammiccante.

«Sono sposata.» Senza pensarci alzo l'anulare. Poi mi ricordo che non ho messo la fede stamattina.

«Si vede» mi schernisce lanciando dei cuscini sul divano.

Alessio entra senza far rumore. Non si accorge subito di me. La testa bassa, come uno abituato a vivere nell'ombra, le spalle larghe, la faccia pure lui abbronzata e gli occhi azzurri. Gli occhi di Alice, penso.

«Alè, hai visite.» Quando registra la mia presenza, sbianca di colpo e impreca a bassa voce. Guarda la porta. Forse pensa di scappare.

«Ti ha mandato Giulia?» mi chiede con una voce profonda.

«Tua madre.» Se possibile si fa ancora più bianco. Guarda l'amico che fa spallucce.

«Torna quando vuoi, sei la benvenuta» mi dice il palestrato, spostando una tenda che porta nelle altre stanze. E poi scompare.

«Sei sua madre?» Non si siede, restiamo l'uno di fronte all'altra.

«Sono la sua psicoterapeuta.» Se ne sta in silenzio,

sempre più sconvolto. Di certo quando ha scritto a Giulia non si aspettava di parlare con me.

«Lei dov'è?»

«Perché non ti sei fatto trovare?»

«Ma tu che vuoi?» Potremmo andare avanti all'infinito.

«Devi dirmi tutto dall'inizio.» Cambio tono e cerco di essere conciliante.

«Perché?»

«Perché sei stato tu a volerla incontrare.»

«Appunto, volevo incontrare lei.»

«La incontrerai se mi dici tutto.»

«Cioè tu sei una specie di giudice?» quasi ride.

«Voglio bene a Giulia, è fragile ora, non può ricevere un'altra delusione.»

«Volevo solo conoscerla, vederla, che mi parlasse di mia figlia.» Parla senza accento napoletano, come se fosse andato via di qui e ora fosse solo di passaggio.

«È venuta fin qui e tu non ti sei neppure degnato di farti vedere.»

«Tu non capisci, non ero pronto. Ho cercato mia figlia, l'anno scorso. Quando l'ho trovata, le ho scritto. All'inizio non mi rispondeva, ma insistevo e così le ho rivelato la verità.» Ripenso alle lettere di cui ho parlato con Giulia. E a quella parte di verità che lei ancora non conosce, ma che avrebbe potuto trovare in questa stanza.

«Ma non vi siete mai incontrati.»

Scuote la testa. «Quando ho saputo della morte di Alice, ho rivissuto tutto. Il dolore, l'angoscia, volevo conoscerla. Ma non ne ho avuto il tempo. Allora ho cercato

Giulia su internet… Volevo vedere Alice attraverso i suoi occhi. Ci sono centinaia di foto in cui compaiono insieme. Io volevo che mi raccontasse quei momenti. Ma poi ho perso il coraggio.» Si siede e io mi avvicino un po'. Ha le occhiaie profonde e scure, i capelli brizzolati sulle tempie e gli occhi grandi.

«Erano come sorelle» gli dico.

«Ma lei una sorella ce l'aveva davvero. Doveva conoscerla» dice, rammaricato.

«Dov'è ora Mirella?»

«Non è qui» dice solamente, e io non insisto. «Mia moglie non avrebbe voluto che io lasciassi andare Alice. Ma quando abbiamo scoperto che la bambina avrebbe potuto avere la sua malattia, io sono impazzito. Mirella era piccola, facemmo tutti gli esami e risultò a posto. Maria volle portare avanti la gravidanza. Ero un infermiere, sapevo a quali rischi andava incontro. Ma aveva la testa dura. E così è morta dando alla luce Alice.»

«Non potevi amarla.»

«Avrei potuto fare di più, insistere con Maria, dirle di non rischiare. Con la sua malattia ci aspettavamo dei problemi per il parto. Ma con Mirella era andato tutto bene e così abbiamo sperato che sarebbe stato lo stesso per Alice. Se solo avessi immaginato.» Si ferma e poi riprende senza mai guardarmi. «Non la odiavo, non potevo odiare mia figlia, ma quando la guardavo… Lo so, è sbagliato, ero suo padre. Ma io volevo la mia Maria, volevo lei e basta. E dopo la sua morte sono come impazzito e ho perso il lavoro.» Quando lo dice, socchiude gli occhi, che si fanno piccoli, e distoglie lo sguardo. Come se si vergognasse di soffrirne ancora.

«Così l'hai data in affidamento?» Nella mia testa i pezzi vanno a posto, l'uno dopo l'altro.

«A quei tempi era facile, c'era gente disperata in giro che non riusciva ad avere bambini. Il medico con cui lavoravo conosceva questo avvocato di Roma. Bastò una telefonata. Se mi chiedi se l'ho visto in faccia, non me lo ricordo. Un attimo prima avevo Alice tra le braccia, e il giorno dopo non c'era più, come se non fosse mai nata. Ma ho chiesto che le tenessero il nome. L'aveva scelto Maria.»

«Non l'hai mai cercata» gli dico dura.

«Ho vissuto come uno che non aveva niente da perdere. Maria era morta, ho abbandonato anche Mirella. L'ho affidata a mia madre e sono andato via. Come un vigliacco.»

«Ma poi sei tornato.»

«Si torna sempre, per quanto si possa andare lontano. Ma Mirella non mi ha mai perdonato. Spesso mi chiede di parlarle della madre. Ma non le basta. Avrebbe potuto avere una famiglia con me e sua sorella. Ma io non ne ho avuto il coraggio.»

«Posso chiamare Giulia, farla venire.» Anche se Alessio non mi convince, so che Giulia vorrebbe davvero incontrarlo.

«No, no. Sono stato avventato a cercarla.»

«Che vuoi dire?»

«Non se lo merita. Se mi vedesse, se conoscesse Mirella sarebbe come rivederla. Non voglio farle questo.»

«È venuta fin qui» gli dico disperata.

«Inventati qualcosa, di' che non mi hai trovato, che sono partito» dice duro. «Forse un giorno...» Si alza di scatto, viene verso di me, si ficca una mano in tasca. Estrae il portafogli marrone. E mi passa una foto. «Porto con me Alice. La foto me l'ha mandata Giulia. Questa storia ha già fatto soffrire così tante persone. E Giulia è una buona. Ha questa voce dolce. Se fossi suo padre, io non vorrei che lei soffrisse.» Alice nella foto non sorride, ma fissa l'obiettivo con intensità e quello sguardo mi attraversa da parte a parte. Come se mi stesse guardando davvero.

«Come vuoi.» Gli restituisco la foto, non senza restare ancora abbagliata dalla somiglianza con sua figlia. So che ha ragione. Se Giulia lo vedesse, resterebbe sconvolta. Mi alzo e mi avvio alla porta.

Quando entro in casa sto già pensando alla bugia da raccontare a Giulia per sviarla da Alessio, convincerla a desistere. Mia madre è in piedi e armeggia in cucina, mi sfilo il cappotto e lo poggio sulla sedia. I miei occhi incontrano quelli di Giulia.

Faccio per avvicinarmi ma resto impalata quando mi accorgo anche di lui. Sam. Siede sul bracciolo della poltrona. È la sua posizione preferita.

«Ehi.» Mi viene incontro.

«Ehi» gli dico solo. Mi stringe a sé. Mio marito mi accarezza la schiena con i polpastrelli. Nessuno dice niente. Sa di dopobarba. Ne mette sempre troppo.

«Ieri hai detto che non sapevi quando saresti tornata, così sono venuto io.» Mia madre tossicchia.

«Sono contenta che tu sia qui» mi stacco e lo guardo negli occhi.

«Davvero?» È speranzoso.

«Davvero.»

Mentire è semplice. Non sono una bugiarda, ma quando la verità fa così schifo che non vuoi sentirla neppure tu stessa, ne inventi una in cui sei davvero felice che tuo marito si sia fatto duecento chilometri per te. Solo per vederti. Una in cui non sei nervosa perché entrerà di fatto in un altro pezzo della tua vita. Non ti senti in colpa verso una delle tue pazienti. Le vuoi bene ma la guardi negli occhi e le dici che Alessio non tornerà, è stato tutto inutile. È un farabutto, ti ha solo mentito, le ripeti credendoci davvero. Ti guarderà come la prima volta in cui è entrata nel tuo studio, ogni traccia di speranza cancellata. La osserverai cedere, pentirsi di essere venuta, maledirsi, magari l'abbraccerai e le dirai di fare i bagagli. Qui non c'è più niente da vedere.

GIULIA

Ad Alice piaceva l'inverno. Adorava giornate come queste, con il freddo che ti punge la faccia e il rossore sulle guance, adorava la neve. E mangiava gelato in quantità industriale o il cioccolato bianco. Litigavamo spesso per l'ultimo boccone del Kinder Bueno, ma alla fine glielo lasciavo sempre. Ci ingozzavamo di patatine fritte e hamburger e lei amava la musica country, quella che ti fa venire in mente praterie e cowboy. Io detesto i cavalli, così caricavo sempre la mia playlist da sala mortuaria, come la chiamava lei. Indossavo i suoi vestiti per sentirmi bella. Odiava passeggiare o girare in bicicletta, andavamo in metro o in autobus dappertutto. *Sei bella, puffa*, la sento dire anche mentre sono quassù in terrazza e lei non dovrebbe esserci. Ma c'è sempre, nelle cose che vedo, nello sguardo dei passanti, in un bacio a Mattia o in una telefonata a mia madre. C'è mentre mi siedo sulla poltrona di vimini e mi stringo nel maglione di lana, la sento imprecare accanto a me perché non avremo un finale.

Abbiamo perso, mormoro al vento, sperando che le mie parole le arrivino, non solo in un sogno ma anche nella vita vera. Non tutte le storie ce l'hanno, un finale. Alessio non si farà vedere e non conoscerò Mirella. Sono sollevata, magari non gli sarei piaciuta o loro non sarebbero andati a genio a me.

Sono tutti di sotto, Angela e suo marito che sembra uscito da una soap opera americana, Federica e Mattia che non smette di riempirmi di attenzioni dopo la notte scorsa. Se ci penso sento ancora le sue mani su di me, dentro di me. Alice mi direbbe che sono stata una scema, che era troppo presto e che ora lui mi considera una facile. Ma io le direi che lei è morta e non ha avuto il tempo di innamorarsi, di stare con qualcuno. Così avremmo litigato, e dopo sarei stata io a telefonarle, a portarle il cioccolato. Ci saremmo stese sul letto e le avrei raccontato ogni dettaglio. Di quanto fossi imbarazzata, di come sentivo il suo addome premere sul mio e avevo paura di morire schiacciata. Di quanto dolore ho provato quando ha iniziato a muoversi, del modo in cui mi ha scostato i capelli dal viso, delle onde che sentivo andare e venire alla pancia. Di come lo avevo immaginato e poi è stato così diverso. E di quel momento in cui siamo diventati una cosa sola. Mi porto una mano alla bocca e piango.

«Ehi, ti stanno cercando tutti.» Angela si avvolge uno sciarpone nero intorno alle spalle.

«Mi sono nascosta bene.»

«Vuoi stare da sola?»

«No, va tutto bene, se non parliamo del fatto che quello stronzo mi ha tirato un bidone colossale.» Si siede.

«D'accordo. Di cosa parliamo?»

«Figo, tuo marito» le dico con un sorriso.

«Ah, di questo. Sì, non mi lamento.»

«Angela, grazie di avermi portata qui.»

«Non è servito a molto.»

«Ma l'hai fatto per me. Ti sei presa le urla di mia madre, le sue continue raccomandazioni. E io mi fido di te, davvero.»

«Ora andiamo a fare i bagagli, che domani si riparte.»

«Agli ordini.»

Mattia sta mettendo a posto le sue cose, liberando la stanza dalla puzza delle Superga. Non si accorge subito di me, sono a piedi nudi e mi siedo sul letto a fissarlo. Con lo sguardo cerca qualcosa, il tappo della biro, se lo mette in tasca, poi riprende a piegare i vestiti, ammucchiati sulla sedia. Si tormenta il ciuffo, si tira su i jeans e quando si gira mi sorride.

«Te l'hanno mai insegnato che è buona educazione bussare?»

«Ignoro il più delle volte le buone maniere.» Con un calcio accennato chiude la porta e si lancia su di me. Rido quando mi fa il solletico, lo imprigiono con le gambe ma lui è più abile e mi incrocia le mani sulla testa. Sono senza fiato quando restiamo a guardarci.

«Dobbiamo tornare a casa» mormora sconsolato.

«Sì, dobbiamo» gli dico spingendo il mio viso contro il suo petto. Mi abbraccia e restiamo aggrovigliati così per un'eternità.

«Sarà sempre così?» mi guarda e il cuore mi si ferma.

«Te lo prometto.»

Prendo il pacco che ho appoggiato sul letto, senza che lui se ne accorgesse, e glielo porgo. «Il tuo regalo di Natale, non sono state delle feste ordinarie, ma ti ho preso una cosa» quasi balbetto.

«È per me?» sgrana gli occhi.

«Certo.» Lo apre con delicatezza. Il portachiavi a forma di M stilizzata luccica nella sua mano. «È per la tua auto, cioè, a breve prenderai la patente, sono sicura che ce la farai.»

«Hai parlato con Francesco, vero?»

Scoppio a ridere, non riesco a trattenermi. «Maledetto parcheggio» impreca imbarazzato.

«Ti hanno bocciato, due volte.» Lo guardo con le lacrime agli occhi.

«Sì, direi che stai riuscendo a infondermi fiducia.»

«Scusa, è che Francesco... scusa» e mi metto una mano sulla bocca per smetterla.

«È bellissimo, grazie», si allunga e penso stia per baciarmi, invece infila una mano sotto il letto e pesca una piccola scatola.

«Buon Natale.» Mi guarda ansioso.

«Credevo che il tuo regalo fosse la gita all'orto botanico. Non dovevi, Mattia.»

«È una sciocchezza.»

La carta è dorata. La apro con cautela. C'è una scatola. Dentro un fermaglio verde smeraldo a forma di farfalla.

«Per i tuoi capelli, mi piace quando li tieni legati su un lato.»

Noto che sotto c'è ancora qualcosa. «Be', questa è un'aggiunta dell'ultimo minuto» mi spiega mentre infilo la mano. Ci sono due fogli di carta spessa. «Sono dei biglietti, non sono veri. Li ho fatti io.» Sopra ha scritto i nostri nomi, ha disegnato un aereo e il London Eye. «Quando metterò da parte abbastanza soldi, andremo a Londra. Certo, tua madre chiamerà Scotland Yard, ma ti porterò a Londra.» È così orgoglioso e sexy mentre lo dice, che non posso che tuffarmi sopra di lui, cogliendolo di sorpresa.

Lo tengo a bada mentre tenta di sfilarmi la maglia, al pensiero che qualcuno possa vederci mi sento avvampare.

«Non eri così timida ieri notte» mi dice ridendo mentre io mi alzo dal letto.

«Sai, il buio mi fa un certo effetto.»

«Potrei oscurare Roma intera, se dici così.» Mentre gli sorrido, noto che ha infilato nello zaino il libro che stava leggendo. Segue il mio sguardo. E mi sorride di rimando.

«Me l'ha dato la proprietaria, dice che posso tenerlo. La protagonista, Naoko, è così fragile e voglio davvero sapere come va a finire.»

«Credo che tutti debbano sapere come va a finire.»

«Di cosa stiamo parlando?» mi chiede curioso.

«Di niente, lascia perdere, vado a fare i miei bagagli.»

«Giulia?» Sono già alla porta e non mi volto.

«Sì?»

«Stai bene, davvero?» Potrei dirgli che no, non sto affatto bene. Che questo viaggio non è servito a granché, ma non voglio spaventarlo. Voglio che speri che prima o poi io possa diventare normale. È per questo che non gli ho raccontato di tutti i sogni che faccio su Alice.

«Ovvio.»

Ecco: non tutte le storie hanno un finale, magari qualcuno continuerà a cercare il suo in posti che nemmeno sapeva di conoscere. Ma io so dove cercare il mio, in questo momento decido di mettere un punto. Così in camera scosto il piumone, mi ci ficco sotto e scrivo un messaggio a Mirella. Lei saprà svelarmi la fine.

Cammino in una stanza buia, i piedi scalzi, i capelli ricci e spettinati. So dove sto andando perché procedo con sicurezza in una serie infinita di corridoi. Mi ritrovo davanti a una stanza poco illuminata, un'unica luce proietta una serie di bolle colorate che vanno a frantumarsi sulle pareti. Non distinguo i contorni ma riconosco alcune gabbie appese al soffitto. Sembrano trappole. Mi porto al centro della stanza, il rumore è assordante, è come se centinaia di bambini stessero urlando tutti insieme. Mi guardo intorno a cercare l'origine del vociare ma sono sola. Mi porto le mani alle orecchie, non sopporto più le urla, sto impazzendo. Qualcuno posa le dita sulle mie e allontana le mie mani. È Mattia, vestito di nero dalla testa ai piedi, elegante e bello da far paura. Mi fa paura. Solo ora mi guardo e noto che indosso un vestito lungo e nero di seta.

«È l'allevamento» dice fissando il soffitto come se questo potesse bastarmi.

«Cos'è questo rumore?»

«Sono le farfalle, stanno morendo» mi spiega triste. Lo guardo senza capire. Forse piange, ma c'è così poca luce che non riesco a distinguere la sua espressione. In realtà non sono nemmeno più sicura che sia lui. Un boato improvviso mi fa trasalire, e le farfalle riempiono la stanza. Sono dappertutto, alcune si posano tranquille, altre volano irrequiete. È uno spettacolo meraviglioso e agghiacciante allo stesso tempo. Io e Mattia ci guardiamo, occhi negli occhi senza dire nulla. Siamo vicini, ma le farfalle sono come un muro invalicabile tra noi. E poi scappo. Mattia è dietro di me.

«Giulia, aspetta» grida. Ma io non mi fermo. Supero altri corridoi che si aprono su stanze tutte identiche alla prima e a ogni angolo il rumore è sempre più forte. Come se provenisse da me, come se non potessi seminarlo. Mattia continua a inseguirmi, ma io ho paura di lui. È una sensazione nuova, ma so che non deve trovarmi, così mi nascondo. Entro in una delle stanze a destra, il vestito mi sta grande così inciampo. Una mano mi aiuta a rialzarmi. È Alice. Ovviamente è Alice.

«Non sempre le farfalle sono incredibili» sorride beffarda. Indossa un vestito nero identico al mio, solo che a lei cade perfetto.

«Cosa sto sognando?» le dico rimettendomi in piedi senza accettare la sua mano.

«Non l'hai capito?»

«Un funerale» mormoro. Lei non fa in tempo a rispondermi che cambia espressione impaurita.

«Giulia, dove sei?» La voce di Mattia mi suona estranea. Alice mi afferra la mano e mi spinge oltre una porta che non avevo visto all'inizio.

«Perché scappiamo?»

«Perché ci ucciderebbe», e il modo in cui lo dice basta a convincermi.

E poi apro gli occhi. Ma stavolta ricordo anche i sogni brutti della notte.

Capitolo XIII

MATTIA

«È questione di pressione sul pedale, stacchi troppo velocemente.» Francesco abbassa il finestrino e si accende una sigaretta senza chiedere il permesso.

Schiaccio la frizione, scalo di marcia e mi immetto su via Merulana. È poco trafficata a quest'ora, così non corro il rischio di far spegnere il motore.

«Parli tu, che per la prima settimana non parcheggiavi se non trovavi un intero piazzale a tua disposizione. Romina ancora ti sfotte.» Ho la patente da tre giorni. Romina è seduta dietro, si affaccia e ride. Ogni tanto ridacchia e scuote la testa quando inchiodo a un incrocio. Francesco mi sbuffa il fumo in faccia. Siamo nella mia Cinquecento, in realtà era di mia madre. La usava per le sue faccende, andare da qualche amica, al cinema o in biblioteca. Mio padre si era pure offerto di prestarmi il suo taxi ma non mi sarei mai presentato da Giulia su una Punto bianca con la targhetta TAXI illuminata di rosso.

«Allora, ci vuoi dire che facciamo dopo che abbiamo caricato sua maestà dei Parioli?» chiede per l'ennesima volta Romina.

«Si chiama Giulia.»

«In realtà quando si è presentata ha detto Alice.»

«Per favore, non ricominciamo con questa storia» le dico solo.

«È pazza, Mattia.»

«È la sua ragazza» interviene Francesco, che non aspetta altro che vedere la faccia sorpresa di Romina.

«Addirittura.»

«Sì, a Napoli hanno concluso.» Ora si gira per poterla guardare mentre glielo dice.

«E che cazzo, Francè.»

«Però, non avete perso tempo. Ma poi a Napoli che siete andati a fare?» Non le rispondo, Giulia ci aspetta già in strada. Lancio un'occhiata intimidatoria a entrambi, sperando che il loro teatrino sia concluso.

Scendo per farla salire, mi passa accanto sfiorandomi con il suo profumo e un bacio sulla guancia. È più di una settimana che siamo a Roma e ci siamo visti praticamente ogni giorno prima che la scuola riprendesse. Sua madre storce ancora il naso quando mi vede, ma per ora non pare intenzionata a cacciarmi di casa.

«Ehi» li saluta Giulia mettendosi di fianco a Romina, che si spiaccica contro il finestrino.

«Questo cappotto rosso ti sta benissimo» le dice Francesco.

«Natale è passato» mormora Romina.

«Grazie» dice Giulia fingendo di non averla sentita. Mi sorride dallo specchietto retrovisore. Da quando siamo a casa, non abbiamo parlato molto di Alessio o Mirella.

«Dove andiamo?» mi chiede.

«È una sorpresa.» Parcheggio sulla salita, controllando almeno sette volte di aver tirato il freno a mano e quattro di aver chiuso l'auto.

«Siamo a Monte Mario?» chiede Francesco.

«Allo Zodiaco.» Giulia mi stringe forte la mano. Avevo promesso di portarla qui.

Superiamo il bar e ci avviciniamo al muretto. Nessuno dice niente. Romina si guarda intorno, Francesco infila cinquanta centesimi nel binocolo fissato a terra e ci guarda dentro. Giulia fissa Roma ai nostri piedi. C'è il sole oggi ma si stringe nel cappotto come se dovesse far freddo per sempre.

«Perché non ci siamo mai venuti?» chiede Francesco fischiando tra i denti. «La cupola del Vaticano è un portento» quasi grida.

«Perché fa freddo?» sospira Romina.

«Potremmo iniziare a venirci, di tanto in tanto» dice Giulia timidamente e guarda Romina. Lei strizza gli occhi, come se le fosse entrato qualcosa, e si strofina i guanti neri.

«A fare?»

«Intanto mangiamo.» Francesco si sfila l'inseparabile Invicta dalle spalle e me lo passa. Ho preparato i panini con l'aiuto di mio padre. Ho scoperto che da sobrio è in grado di cucinare decentemente. Gli altri mi seguono mentre mi appoggio a una delle panchine. Passo i panini e apro la Coca-Cola. Leggo la felicità negli occhi di Francesco. Non può vivere senza. Se andiamo da qualche parte, anche solo a una festa, mi chiede sempre se ci sarà la Coca-Cola. Nessuna festa che si rispetti può riuscire senza la Coca-Cola. Mangiamo in silenzio, Romina pare più calma, mentre affonda i denti nello sfilatino alla mortadella. Quando compare Claudio, Francesco sobbalza.

«Ehi» ci saluta. Durante il viaggio a Napoli Francesco è stato evasivo alle mie domande sulla loro storia, ma so che si stanno rivedendo. Così ho scritto un messaggio a Claudio questa mattina.

«Che ci fai qui?» gli chiede Francesco. Non pare incazzato.

«L'ho invitato io.» Francesco mi lancia un'occhiataccia, se l'avesse saputo non si sarebbe mai presentato in tuta. Prende un pacchetto di sigarette e inizia a fumare. Mi alzo e lascio il posto a Claudio. Lui e Francesco prendono a parlare fitto, mentre Romina inizia a scattare foto.

Raggiungo Giulia all'imbocco del vialetto degli innamorati.

«Non lo so se voglio che questo sia il nostro posto» mi dice d'un fiato mettendosi di fronte a me.

«Troppi brutti pensieri?»

«Sai, prima di partire da Napoli ho mandato un messaggio a Mirella.»

«E?»

«Non mi ha risposto.» Vorrei chiederle perché non me ne ha parlato prima ma lascio perdere.

«L'hai detto ad Angela?»

«No.»

«Credo che dovremmo chiudere con loro. Voglio dire, a che serve?» Se non a farti male, ma questo non lo dico.

«Io non posso chiudere, non ancora.»

«Sei ossessionata» mi esce, e subito me ne pento.

«Oh, non dirmelo. Non me ne ero accorta.»

«Stai bene?»

«Ti prego, non guardarmi come mia madre» mi dice quando si gira. È così vicina che potrei baciarla.

«Cioè?»

«Così, come se stessi per morire. Sto bene e non voglio doverlo ripetere ogni tre secondi.» È nervosa, così annuisco e le accarezzo la guancia. Beviamo cioccolata calda in un bar vicino, dove Romina si lamenta perché il riscaldamento è troppo basso. Non si è neppure tolta il giubbotto.

Riaccompagno Claudio e lascio Romina da Francesco, sono sicuro che la costringerà a guardare una maratona di *Glee*. Mio padre è di turno tutti i sabati ormai, dice che in questo periodo Roma è piena di tedeschi che non amano passeggiare. Ha lasciato il riscaldamento acceso, così non appena entriamo ci sfiliamo i cappotti. Il mio me l'ha regalato mio padre al ritorno da Napoli. È un capo di sartoria molto bello, ha detto Giulia quando l'ho messo la prima volta al cinema, ma io non ho mai avuto un cappotto prima. Voglio dire, sono un tipo da felpa e giacca a vento, ma quando sono con Giulia e soprattutto con sua madre, e ho il mio cappotto nero e lungo, mi sento più a mio agio.

«A che pensi?» mi chiede quando entriamo in camera mia.

«Al mio cappotto.»

«Eh?» chiede senza capire.

«Lascia perdere.» Accendo il pc e infilo il cd.

«De Gregori?» mi chiede quando parte *Via del Campo*.

«Ti prego, non farlo più.» Fingo l'orrore guardandola.

«Cosa?»

«Confondere De André con De Gregori.» Scuoto la testa.

«Non essere snob.»

«Non sono snob, ma la mia ragazza deve conoscere la differenza.»

«Non sapevo che il mio ragazzo fosse diplomato al conservatorio.» E ridiamo.

«Suonavo» le dico, ricordandolo solo ora.

«Davvero?»

«Sì, da piccolo. Mia mamma aveva la fissa per i pianisti così mi obbligò a prendere qualche lezione. Diceva a mio padre che se avessi imparato, avrebbero dovuto risparmiare per comprare un pianoforte. Andavo da un tipo alla Garbatella, poco distante da qui, con i denti gialli e gli occhiali sempre opachi. Ogni domenica pomeriggio. Lei mi accompagnava, anche se ero abbastanza grande ed era qui vicino. Era così entusiasta. Ci andai ogni domenica finché non si accorse che ero un incapace.»

«Non ci credo.»

«Sono serio. E non faccio il modesto. Non mi piaceva. Non ero bravo, a malapena riuscivo a suonare *Per Elisa* senza fermarmi.»

«Sei incredibile.» È seduta sul mio letto. Così la raggiungo e mi inginocchio prendendole le mani.

«Alla sfida dell'incredibilità vinci sempre tu» le sussurro.

«Esiste l'incredibilità?» La bacio d'impeto lasciandola senza parole. «Questo bacio è stato incredibile» mormora.

«I tuoi capelli sono incredibili.» La guardo a lungo.

«Le tue mani da ex pianista» dice con un sorriso a metà, che non vuole far venir fuori.

«La tua mente da pazza.» Ora ride di gusto.

«Le tue Superga puzzolenti.»

«La canottiera bianca che avevi quella notte.»

«Le farfalle» dice trionfante fissando il murales.

«Ok, hai vinto tutto.» Mi alzo e la faccio sdraiare. In un attimo le sono sopra e mi tolgo la T-shirt. Quando armeggio con i bottoni della sua camicia a quadri, mi ferma. «Che c'è?» le chiedo preoccupato.

«Io, tu. Mi consideri una ragazza facile? Cioè, sono venuta con te dopo quanto? Ed ero vergine. E tu hai diciotto anni. Io sedici, per cui ti sono sembrata facile?» Sbatte più volte gli occhi quando lo dice.

«Io ti amo. E tecnicamente non sei più vergine ma se vuoi far finta che non sia successo, possiamo aspettare. Cioè, possiamo non farlo. Non credo che tu sia facile, credo che tu sia incredibile. Ma questo te l'ho già detto. E anche che ti amo.»

Non finisco di dirglielo che lei mi sta già baciando. Mi afferra i fianchi e mi invita dove nessuno è mai stato, a parte me.

Dopo la stringo tra le mie braccia. È così dolce e imbarazzata che non mi ha ancora guardato negli occhi. La prima volta è stato imbarazzante anche per me. Ma ora che lei è nuda nel mio letto quasi impazzisco di gioia. Mi ha permesso di toccarla davvero stavolta, di baciarla tra le gambe, di farla aspettare un po' prima di entrare dentro di lei. Le accarezzo i capelli e tiro su di noi il piumone.

«Sei sicuro che tuo padre non torni?» mi chiede per l'ennesima volta.

«Sicuro.»

«Fra poco devo vedere Angela.»

«Ti accompagno io.»

«Mattia?»

«Sì.»

«Vorrei averti incontrato da grande. Vorrei che ci fossimo conosciuti tipo tra cinque anni.»

«Non ti seguo.»

«All'università, in mensa. Tu ti siedi sempre in fondo con Francesco. Io con un ragazzo di cui non mi importa niente. Io ti guardo spesso. E tu no. Ci rincontriamo a un corso in comune, uno che ti sei tenuto dal primo anno. Un esame facile, uno di quelli che ti porti a casa leggendo qualche appunto la sera prima e flirtando con il ragazzo di turno. Allora ti accorgi di me. Mi chiedi di uscire. Andiamo al Gilda scappando via dopo dieci minuti. Facciamo l'amore in camera tua, spesso, il sabato quando tuo padre non c'è. Mai da me, a mia madre verrebbe un colpo. E poi mi porti all'allevamento. Stiamo insieme per tanto, forse per sempre. O forse tu mi tradisci con una spagnola in Erasmus. Odio gli spagnoli. Ma avremmo avuto l'età giusta.»

«Perché non è giusta ora?»

«Perché siamo piccoli, io di più. E avrei voluto conoscerti quando tutto questo fosse già passato» dice semplicemente.

«Parli di Alice?»

«Soprattutto.»

«Uno, non sei piccola, te lo assicuro. Due, in questo racconto ci sono troppi ragazzi in giro. Tre, io rifarei tutto uguale, ti rincontrerei a quella festa, vomito a parte.

Ti rapirei da casa di Martina. E ti seguirei a Napoli, sempre.»

«Ti amo» mi dice girandosi e sollevandosi, senza preoccuparsi di essere nuda ed esposta.

«Sì, lo so, è difficile non amarmi.»

«Sei incredibile.» Sta ridendo.

«So anche questo, sì.»

E la sua risata mi conforta nonostante la paura di perderla che sento salire dallo stomaco.

ANGELA

Le note di *Clocks* dei Coldplay mi fanno spalancare gli occhi. Sam ha un braccio sotto le mie spalle, con cautela mi divincolo e scivolo giù dal letto. Chiudo la porta senza far rumore e preparo il caffè, mentre ripenso alla serata di ieri, la cena nel nostro ristorante preferito, il vino, le canzoni cantate a squarciagola in macchina. E la nottata senza mai staccarci l'uno dall'altra. Mi vesto di fretta prima che si svegli, butto giù un'aspirina per il mal di testa e prendo le chiavi dell'auto.

Parcheggio in una strada laterale, afferro il cappotto e percorro il viale centrale da poco ristrutturato. È sabato, e c'è più gente del solito. Cammino a testa bassa e sollevo lo sguardo solo quando arrivo all'angolo dei bambini. Lo chiamano così perché ci sono sepolti otto bambini morti in una fuga di gas. Ci vengo poco al cimitero, di solito poco prima che chiuda, quando a nessuno verrebbe in mente di far visita, soprattutto d'inverno. Il freddo è cattivo, come se da queste parti non arrivasse mai il sole. Il mio iPhone vibra nella tasca del cappotto. È Sam, si starà chiedendo dove sono finita. Lo immagino nel nostro letto appena sveglio, il ciuffo ribelle sulla fronte, gli occhi semichiusi, al settimo cielo. Lui che mi chiama a gran voce quando si accorge che non sono in casa. È deluso quando si versa il caffè ancora tiepido, ma non ne parleremo, sarà un nuovo mattone sul muro che ci tiene lontani. Non sono sempre stata così, così indifferente, egoista e cinica. Quando ballavo sorridevo spesso, ero felice mentre andavo a lezione, quando restavo a provare fino a tardi con Klenog, il mio maestro tedesco.

Gli scrivo un messaggio veloce, *Sono con un paziente*, e poi spengo il cellulare.

La tomba di mio padre è piena di foglie, così mi piego sulle ginocchia e con l'aiuto di una piccola spazzola comincio a ripulirla. Faccio lo stesso con quella di Adriano, qui accanto. Mia madre volle seppellirli vicini, *Così lo sorveglierà*, ripeteva sempre, ma non ho mai capito a chi dei due si riferisse. Papà non sorride nella foto, sembra quasi incazzato, ma era la sua espressione solita. Quando sorrideva, sapevi che era felice davvero. Abbiamo scelto una foto ordinaria, i capelli all'indietro, gli occhi vivaci, il viso abbronzato. Distolgo lo sguardo e vado via.

Giulia si strofina continuamente le mani sui jeans fino a farsele diventare blu. Si è tirata i capelli in una coda stretta e continua a guardarsi intorno come se fosse il nostro primo incontro. È qui da dieci minuti abbondanti e abbiamo parlato soprattutto di Napoli e delle lasagne di mia madre.

Ci sediamo l'una di fronte all'altra.

«Stai scrivendo il tuo diario?»

«Sì.» Lo tira fuori dalla borsa. Noto che è molto simile alla mia agenda marrone, sembra fatto a mano.

«La mia grafia è indecifrabile, nessuno in classe si fa passare gli appunti. La marziana, mi chiamano.» Me lo passa. Lo rigiro tra le mani ma non lo apro. È disposta a farmelo leggere.

«Non voglio leggerlo, volevo che lo scrivessi, continua pure.» Glielo restituisco e lei mi guarda sorpresa. È tipico di Giulia restare senza parole quando le cose non vanno come previsto. Le ho chiesto di tenere un diario perché mettesse in ordine i suoi pensieri, le cose che le succedono. Per farle avere un punto di riferimento quando dimentica. Perché le sia più facile ricordare. E perché a sedici anni tutti dovrebbero avere un diario. Lo ripone con cura nella borsa.

«Siamo stati allo Zodiaco» mi dice abbassando gli occhi.

«Ti è piaciuto?»

«Non ne sono certa.»

«Io l'adoravo.» Ed è vero, era l'unico posto al mondo in cui io e Adriano potevamo risolvere i nostri problemi. Ci faceva sentire protetti, importanti. Ci andavamo anche senza tutti gli altri. Spesso lui portava il flauto con sé.

«Eravate tu e Mattia?»

«E Romina, Francesco e Claudio.»

«Pensi che questo possa ferirmi?» le chiedo con un sorriso.

«Sì.»

«Non mi dispiace che andiate allo Zodiaco. È un posto come un altro. Magari sarebbe successo anche se non ci fossimo mai incontrate.»

«Nulla di tutto questo sarebbe successo, se tu non fossi la mia psicoterapeuta.»

Ci guardiamo negli occhi. Giulia è così assolutista che a volte mi sorprende. Per un attimo ho il dubbio che abbia ricordato. Tutto. Ma so per certo che non riuscirebbe a tenermelo nascosto. È di questo che ho timore. Del suo crollo improvviso, quando tutto le sarà chiaro.

«C'è sempre una ragione per ogni cosa» le dico, e mi sento addosso vent'anni in più. Il professor Martini teneva il corso di storia del comportamento sociale. L'aula era gremita a ogni sua lezione e lui terminava ogni volta con questa frase, *c'è sempre una ragione per ogni cosa.*

«Mattia mi ha portata all'allevamento, dopo la scuola. È un posto incredibile, e anche Mario. Be', vorrei che Mattia avesse quel tipo di rapporto con suo padre. L'ho visto sì e no un paio di volte da quando stiamo insieme. Non si dicono mai niente, Mattia non mi parla mai di lui. Ma riempie i discorsi di Mario ha detto, Mario ha fatto.»

«Credi che Mattia ne soffra?»

«È suo padre. E sono preoccupata per lui, non ha accettato di vedere il tuo collega.»

«Non è detto che tutti i rapporti debbano essere idilliaci. Lui e Mario condividono una passione, è qualcosa che va oltre un legame di sangue.»

«Dovevi vedere come si illuminavano quando mi hanno mostrato tutti gli esemplari che hanno alla serra. E intendo proprio tutti.»

«Sei felice?» Esiste un momento nella terapia in cui ci si sente pronti a fare questa domanda. Chiedere della felicità è un po' come chiedere dei figli, del matrimonio e della morte.

«Sì.»

«Anche se manca una parte della storia?»

«Magari non era così importante.» Sta tentando di convincersene.

«Hai più sognato Alice?»

«Dopo Napoli, no.»

«Ti manca?»

«Mi sento meno ossessionata.»

«Sei tornata a scuola questa settimana.»

«È stato diverso. Ora la sua assenza mi sembra normale. Come se mi stessi abituando. Ma fa male. È sbagliato?»

«Nulla di ciò che facciamo per stare meglio è sbagliato.»

«Ieri a inglese me ne sono ricordata. Mi sono svegliata con questo sorriso sulla faccia pensando a Mattia. E fino all'ora di inglese non ci avevo pensato. Poi la prof attacca con un articolo su Londra, su quale sia il museo preferito dai turisti. E c'erano venti righe intere sulla National Gallery. Ecco, era sul nostro programma. Avevamo segnato in verde le cose da vedere e in rosso quelle da vedere assolutamente. E la National Gallery era rossa.» Gli occhi le diventano lucidi, ma non piange.

«Sono i dettagli a fregarci» dico. Giulia non mi sta già più guardando. Si alza.

«Allora ci vediamo martedì» mi saluta.

«A martedì.»

Sei felice? Sì. Ecco, so riconoscere il momento giusto per fare una domanda e so per certo quando qualcuno mente.

GIULIA

Il giorno in cui smetto di essere triste inizia esattamente come tutti gli altri. La sveglia che spengo ogni cinque minuti, mia madre che si lamenta del maltempo e delle strade dissestate mentre mi accompagna a scuola. E Mattia che non smette di mandarmi sms idioti, ma che mi fanno sorridere davvero. Dopo il viaggio a Napoli, parlo poco con Maura. All'inizio mi tempestava di domande, *E che ci sei andata a fare?*, così sono stata piuttosto evasiva. Ma quando ha saputo che ero con Mattia, non ha più chiesto e ha messo il musone. Il vero problema è stato quando l'ha raccontato a mezzo liceo e la notizia è arrivata alle orecchie di Martina. Se mi incontrasse per strada potrebbe farmi seriamente del male. L'unico in classe che ancora mi rivolge la parola è Antonio, nonostante i miei rifiuti ai suoi continui inviti. Mattia dice che non si arrenderà, ma a me piace parlarci, soprattutto per non sembrare una completa sfigata che dopo la morte della sua migliore amica non ha nessuno con cui passare l'ora di ginnastica.

Alla fine della quinta ora sono così stanca che quasi rinuncio ad andare a casa di Mattia. Oggi non è di turno alla serra ma doveva sistemare delle cose per stasera, per la nostra sorpresa, così mi ha chiesto di andare a casa sua e aspettarlo lì.

«Giulia.» Sto cercando il mio ombrello azzurro frugando nello zaino, quando Antonio mi raggiunge. Siamo quasi all'uscita, molti studenti ci lanciano occhiate. Scommetto che Maura non è lontana.

«Ehi, non ti ho visto all'ultima ora, credevo fossi andato via.»

«Ero in giro.» Mi guarda a lungo mettendomi in imbarazzo, come ogni volta che mi fissa senza dire niente.

«A domani, allora.»

«Vuoi venire a casa mia? Mio padre è qui fuori. Ripetiamo inglese, e ci vediamo un film?» dice tutto di seguito, ma non è nervoso. Si aggiusta il berretto sulla testa.

«Ho già un impegno.»

«Guarda che lo so che hai un ragazzo. Lo sanno tutti, ormai» quasi ride.

«A lui non piacerebbe.»

«Ma non l'hai capito ancora?» È serio ora.

«Cosa?» e quando lo guardo diventare rosso per la prima volta da quando lo conosco, mi maledico di non esserci arrivata prima. Non gli interesso, non in quel senso.

«Tu non… scusami, sono una scema.»

«Allora ci vieni adesso a casa mia?»

«Ho davvero un impegno, ma stasera. Anzi, perché non vieni con noi?» e l'idea mi viene così mentre glielo dico e prende forma mentre lui continua a sorridere al mio invito. Scommetto che non gli capita spesso.

«Chi sarebbero gli altri?»

«I miei amici e Mattia, andiamo allo Zodiaco. Stasera alle nove.»

«A fare?»

«Vieni e vedrai.»

Lui fa di sì con la testa, si abbassa la visiera sulla fronte e sparisce tra gli altri studenti.

Quando suono al citofono sta ancora piovendo e nessuno viene ad aprirmi. Aspetto, risuono e poi mi arrendo. Sto per chiamare Mattia, quando Romina compare sulla soglia del garage.

«Entra» mi dice, come sempre senza garbo. Ma piove, sono fradicia e non posso ammalarmi proprio oggi.

«Grazie.» Lei si scosta quel tanto da non toccarmi e poi torna a trafficare con un'auto. È tutta sporca, con le mani nere. C'è puzza di grasso misto a benzina. Romina si muove a suo agio tra l'auto rossa e il ripiano degli attrezzi. All'improvviso si abbassa, e scompare sotto l'auto.

«È il motore, è fuso.»

«E tu riesci a ripararlo?»

«È stato Massimo, ha fatto tutto il lavoro duro. Io sto solo avvitando.» Accende un macchinario rumoroso, così ho una scusa per stare zitta.

«Ti piace?» le urlo, e nello stesso momento lei spegne quell'affare, così sembro una scema.

«È quello che so fare. Questo posto è di mio padre. Ma i miei fratelli non ne vogliono sapere. Studiano all'università. Così io e Massimo gli diamo una mano.»

«Massimo non c'è?» le chiedo guardandomi intorno, e aspettandomi di sentirlo sbraitare da un momento all'altro.

«Puoi rilassarti, è con la sua ragazza.» Romina riemerge dall'auto, come in un numero di magia. E anche se è vestita da meccanico è davvero bella e sensuale. Per un attimo la invidio.

«Ci vieni stasera allo Zodiaco?»

«Mattia me l'ha detto ma non credo, ho del lavoro da finire.»

«Romina, lo so che non ti sono mai andata a genio. Ma tu ci tieni a Mattia. E per lui sei importante.» Mi avvicino e la guardo mentre si strofina le mani con uno straccio.

«Voi siete le ultime persone al mondo che dovevano incontrarsi. E mettersi insieme. E credete che le farfalle siano il rimedio a tutto.» Non ne sono sicura, ma l'ombra di un sorriso le passa sul viso. È davvero il giorno delle prime volte.

«A dopo.»

Quando salgo da Mattia, è sotto la doccia. È suo padre ad aprirmi scusandosi di non aver sentito il citofono.

«Ero così stanco che mi sono addormentato guardando la tivù» non la smette di ripetere.

«Non si preoccupi, ero con Romina.»

«Un bel tipo.»

«Direi di sì.»

«Caffè?» chiede, e già lo sta preparando. La cucina è in perfetto ordine.

«No, grazie.»

«Allora siediti, fammi compagnia.» Così mi siedo sul divano dove di solito io e Mattia guardiamo un film stretti sotto il plaid.

«Uscite stasera?»

«Sì, ci vediamo con degli amici» dico vaga.

«Quando eravamo ragazzi, più o meno come voi, ce ne andavamo al cinema. O in libreria. Teresa leggeva tanto. Io no, ma mi bastava guardarla. Ci siamo sposati che eravamo ancora bambini, ancora con quella smania addosso di cambiare il mondo. Poi è arrivato Mattia. Non sapevamo da dove cominciare. Io restavo sveglio di notte a contare i battiti del suo cuore, lo vedevo respirare e mi acquietavo.»

«Ma è venuto su bene.»

«Grazie a Teresa. Io ero sempre in giro con il taxi. Ora siamo solo io e Mattia, anche se finge che non esista.» Viene a sedersi sul divano, con la tazzina tra le mani.

«Gli serve tempo.»

«Lo dico a te, Giulia, perché so che gli vuoi bene. C'è questo corso all'università di Londra. Lui ne parlava sempre con la madre. Si tratta di farfalle. Io non sono andato a scuola, non so nemmeno cosa andrà a studiare. Ma è sempre stato il suo sogno, e noi abbiamo risparmiato senza dirgli nulla. Doveva essere una sorpresa, ma poi...» Beve, studiando la mia espressione. Non mi ero mai accorta di quanto somigli a Mattia. Nel modo di guardarmi, o anche solo per come si passa la mano tra i capelli quando è nervoso.

«Londra?» dico solo.

«Lo so, ma se rinuncia, se resta qui, non ne verrà fuori niente di buono. Lo rimpiangerà.» Io non dico niente, lui finisce di bere, si alza, apre il rubinetto e sciacqua la tazza.

In macchina io e Mattia non parliamo per un po'. Sono io a cominciare.

«Quest'anno ti diplomi» inizio con la bocca impastata. So già che litigheremo, che non è il momento adatto, ma l'ansia mi sta divorando.

«Ma dài, mi rimandano in almeno tre materie.»

«Hai pensato all'università?» gli chiedo giocando con un bottone allentato del cappotto.

«Biologia alla Sapienza. Che hai?» Mi guarda togliendo per un attimo le mani dal volante.

«Niente.»

«Giulia.»

Lui accosta e ferma la macchina. «Hai parlato con mio padre.» È incazzato.

«Perché non me l'hai detto? Avrei voluto che fossi sincero.»

«Davvero vieni a parlarmi di sincerità?»

«Sei scorretto.»

«No, ho solo una buona memoria.» Mi guarda sfidandomi, rosso in viso. Scende dall'auto e io lo seguo. Restiamo ai lati opposti.

«Era prima» mormora.

«Prima di me?»

«Prima che mia madre morisse. Ne parlavamo in continuazione, guardavamo su internet il college, l'Imperial College di Londra.» Faccio il giro e gli sono accanto.

«Mattia.»

«No, Giulia, non conta più. Da quel giorno niente è più come prima. E sì, è anche per te, non voglio lasciarti perché ti amo. Ma è soprattutto perché mia madre non c'è più e nulla ha più senso. Non l'avrà mai. Quindi ora possiamo risalire in macchina, seguire questo fottuto programma per stasera e non parlarne più.» Annuisco, e torno in macchina. Lui resta fuori ancora un po', si passa una mano tra i capelli e poi non dice nulla, finché non arriviamo allo Zodiaco.

Capitolo XIV

MATTIA

Francesco ci aspetta come previsto. È l'unico a essere già arrivato. Fa freddo quassù. Giulia mi aiuta con le gabbie più leggere. Quando Mario ha capito cosa volevo fare, prima si è incazzato, poi borbottando tra sé mi ha detto di sì. Io e Francesco sistemiamo le lanterne ancora spente lungo il percorso, arriviamo alla balaustra e posizioniamo le gabbie. Giulia continua a guardarsi intorno quando arriva Claudio. Siamo nervosi dopo la discussione, mio padre non doveva intromettersi, se n'è sempre fottuto e ora sta concorrendo per il premio di papà dell'anno.

«Hai sentito Romina?» mi chiede Giulia per l'ennesima volta.

«Dopo ieri, no.»

«Verrà.» Cerca di convincersene.

«Non contarci troppo» le dice Francesco soffiandosi sulle mani.

C'è poca gente allo Zodiaco, qualche coppietta appartata nel parco e un turista con lo zaino sulle spalle che guarda nel binocolo.

Davanti a noi le mille luci di Roma gettano i loro bagliori fin quassù. Non me ne accorgo subito ma Angela è arrivata. È pallida, si ferma a respirare e poi prosegue. Tira dritto senza soffermarsi troppo sui particolari, forse è per questo che non nota subito le gabbie. Stamattina le ho mandato un messaggio, le ho scritto di venire allo Zodiaco e lei ha risposto solo sì. Così eccola nel suo cappotto bianco, i capelli ondulati, senza sciarpa e con le mani infilate in tasca. Volevo che guardasse con i suoi occhi la nostra idea, che vedesse Giulia insieme ai suoi amici, finalmente serena.

Resta in disparte, come se non volesse dare nell'occhio, e si confonde con i turisti. Ma non è sola. Il marito arriva silenzioso. È vestito di tutto punto come se fosse venuto via di corsa dall'ufficio. Come se lo avesse deciso alla fine, di esserci. Angela quasi sobbalza quando le arriva di fianco.

C'è un ragazzo nell'ombra che non si decide ad avvicinarsi, ma continua a fissarci, a fissare Giulia.

«Antonio, vieni» gli dice Giulia. E lui avanza con un cappello verde sulla testa, sotto preme una massa di capelli biondi. Non ho il tempo di incazzarmi. Giulia mi sorride. «Mattia, il mio ragazzo, e loro sono Francesco e Claudio» dice Giulia come se la presenza di Antonio non dovesse darmi fastidio. Così eccolo, sembra un giocatore di calcio o meglio un nuotatore, con le spalle larghe e il portamento altezzoso.

Antonio strabuzza gli occhi, forse non si aspettava tutta questa gente, magari voleva solo un appuntamento romantico con la mia ragazza. Ma ora si mette a fissare Francesco che ricambia con un sorriso ebete sulla faccia.

«Oggi» comincia Giulia a voce quasi inudibile, «oggi è il giorno del Ringraziamento.»

«Tesoro, è a novembre. Ed è una festa americana.» Guardo truce Francesco. «Ehi» continua lui, «vuoi che non lo sappia?»

«Francesco, sta' zitto» lo interrompo e lui alza le mani in segno di resa.

«Non hai capito, è il mio giorno del Ringraziamento.» Giulia ci guarda a uno a uno, poi si rivolge solo ad Antonio e io serro le mani.

«Ringrazio per il mio nuovo amico Antonio, quello che mi salva alle interrogazioni con i suoi appunti. L'unico che ancora mi aspetta all'uscita da scuola. Grazie, Antonio, per la tua amicizia.» Antonio non dice niente ma sorride a trentadue denti.

«Ringrazio per Claudio. Non ti conosco bene, ma so che non te la sei passata alla grande, proprio come me.» Claudio stringe la mano di Francesco con fare protettivo. «E ringrazio per Francesco, per il modo in cui ami Mattia, per quanto gli sei stato vicino quando io neppure c'ero. Grazie per tutti i sermoni su *Glee*, le americanate, per i venerdì sera nella tua Panda, per essere qui ora.» Francesco ha gli occhi lucidi, esce dal cerchio che abbiamo formato intorno a Giulia e corre ad abbracciarla.

Lei è bellissima, ha la voce ferma ora e la testa alta come se non avesse più vergogna, ma fosse orgogliosa di quello che sta facendo. Be', inutile dire che io lo sono.

«E grazie a te, Romina» dice Giulia guardando oltre

tutti noi. Non la vedo subito, ma Romina avanza esitante verso di noi.

«Ero da queste parti» dice dondolandosi sulle gambe.

«Grazie per oggi» aggiunge solo Giulia, e Romina annuisce.

Poi mi guarda e so che tocca a me, il cuore mi martella nel petto. Questo non l'avevamo concordato.

«Grazie, Mattia, perché rendi possibile l'impossibile.» Ora la sua voce sembra arrivare da ogni direzione. «Perché sei il mio migliore amico, l'amore che tutti vorrebbero, il ragazzo dei sogni in carne ed ossa. Perché mi hai guarita o almeno ci stai provando. Perché hai inventato l'incredibilità solo per me.» È lei a venire da me e a baciarmi a labbra chiuse davanti a tutti. «Grazie» mormora sulla mia bocca.

Io allora vado verso le gabbie, Francesco mi segue e liberiamo le farfalle. È un gesto istintivo, scappano via, volano nel cielo sopra Roma e lo riempiono, lo illuminano anche se è sera, ma le vere luci impallidiscono di fronte a questa bellezza. Molti si fermano a osservare il nostro gruppo raccolto e la folla aumenta quando notano le farfalle.

Puntiamo lo sguardo alle farfalle che non vanno via ma restano a volteggiare sopra le nostre teste. È insolito, appena libere dovrebbero allontanarsi, andare verso i boschi, cercare nutrimento, scappare dalla città. E invece restano qui con noi. Restano qui come se fossero parte di questo gruppo improvvisato. Un gruppo che inizia a funzionare.

Quando l'abbiamo progettato, io e Giulia, avevamo dei dubbi sulla riuscita. E invece ci siamo tutti, Claudio e Francesco, incantati a fissare il cielo; Angela, che guarda suo marito incredula che sia davvero qui; Romina, che si guarda le scarpe e si lamenta per il freddo. Giulia, che mi sorride.

Faccio un passo avanti e ora sono io al centro, nell'unico posto dove non sono mai stato prima.

ANGELA

Le farfalle restano sospese e non accennano ad allontanarsi. È come se un grosso telaio le tenesse impigliate da qualche parte nel cielo sopra Roma. È uno spettacolo impagabile. Sam mi prende la mano, sorride e poi fissa il cielo come tutti noi. Francesco accende le lanterne bianche disseminate sul sentiero, facendo attenzione all'erba intorno. Sam mi guarda e so a cosa sta pensando.

A Adriano sarebbe piaciuto, avrebbe battuto le mani, o forse no. Magari a diciannove anni l'avrebbe fatto, ma non so niente dell'uomo che sarebbe diventato. Io sono cresciuta e mio fratello è al mio fianco e ha ancora tutti i suoi diciannove anni da scontare, come un peccato mortale. Magari è qui con noi, tra me e Sam o vicino a Giulia.

Magari è libero nel cielo, forse è una di queste farfalle, quella rossa o la più nera di tutte. È per questo che non possono andare via, perché Adriano è qui con noi. Dopo l'incidente di quella notte, non ci sono tornata per anni. È stato Mirco ad accompagnarmi quassù, mano nella mano. Sam sorride al cielo, è così bello che ho voglia di baciarlo qui davanti a tutti, ma mi limito a stringergli forte la mano, appoggio la testa sulla sua spalla e lui sussulta come se non ci fosse abituato.

Siamo a casa quando il mio telefono riprende a squillare, ma lo ignoro.

«Vuoi una tisana?» mi grida Sam dalla cucina.

«Sì, grazie.»

«Quei ragazzi, Giulia, lei è eccezionale.» È a piedi nudi quando mi viene incontro. La camicia azzurra fuori dai pantaloni, sbottonata per metà.

«Vorrei poter fare di più per lei.»

«Non migliora? So che non puoi parlarmi del tuo lavoro, ma…»

«Dipende dai punti di vista» gli dico distratta.

«E dal tuo?»

«Be', quello che posso dirti è che ho chiesto diverse consulenze per il suo caso. Ho fatto molti errori con Mattia e Giulia, mi sono lasciata prendere. Non dovrebbe accadere.»

«Parli di Napoli?»

«O di stasera. È troppo personale.»

«Lei si fida di te, non è questo lo scopo?» Mi scruta come se fosse un mio paziente, in attesa di risposta.

«Non sarà facile, alla fine.»

«C'è una fine? Di solito i tuoi pazienti restano in terapia per anni.» Non mi sono mai accorta di quanto sia attento al mio lavoro, e presente.

«Con Giulia è diverso, è questione di giorni.»

«Come lo sai?»

«Tu come fiuti un affare importante? Come decidi un'acquisizione?»

«Istinto», e il suo sguardo si accende.

«Esatto.» Mi accarezza la guancia mentre dice: «Torno subito». Gli do le spalle quando compare con la mia tisana. Me la passa, e io non mi volto. Guardo la foto di noi due al liceo. Ci eravamo conosciuti da poco, eravamo solo amici allora.

La foto adesso è piegata, ma un tempo l'abbiamo incorniciata per intero. C'eravamo tutti in quella foto fuori da scuola, dopo un inverno che sembrava non passare mai. Io ho il giubbino di jeans, il mio preferito. Sam la sua T-shirt verde acqua.

Ricordo tutto, anche di quelli che non si vedono più. I boccoli dorati di Giovanna, le mani di Mirco sulle mie spalle, la linguaccia di Marina e mio fratello in un angolo. È stato Sam a scegliere questa foto, per un po' l'ha tenuta intera, poi ha deciso di lasciare solo noi due. Non so perché sia ancora sulla mensola.

«Quando stasera ho visto quei ragazzi, lì allo Zodiaco, ho pensato a noi.» So che ha capito a cosa mi riferisco.

«Eravamo dei ragazzini» dice, seccato.

«Ci volevamo bene.»

«Angela.»

«Aspetta, devo dirti una cosa. E so che mi odierai dopo.»

«Allora non dirmela» dice triste.

«Non vuoi saperla?»

«Vuoi solo scaricarti la coscienza. Sei sempre la solita egoista.» All'improvviso riaffiora la sua rabbia, è sempre lì da qualche parte.

«Voglio essere sincera.»

«Ma se non mi guardi neppure in faccia.» Allora mi volto. Lui sembra calmo, come se non stesse succedendo a noi.

«Ho rivisto Mirco. E non è stata la prima volta.» Abbasso la testa, ha ragione, non riesco neppure a guardarlo.

«Credi che sia uno stupido?»

«Lo sapevi?»

«Non ho mai voluto crederci veramente, ma sì, lo sospettavo.»

«Sam.»

«Io non so più che fare con te. Mi vuoi? Perché se vuoi stare con lui, Angela, va'. Lasciami in pace, una volta per tutte.» Continua a slacciarsi i bottoni scoprendo quasi il torace. «Quanti cazzo di gradi ci sono qui dentro?» dice urlando.

«Voglio stare qui con te.»

«Perché?» Ecco, so che da questo dipende tutto. Potrei dirgli che lo amo di più, che morirei senza di lui. Che Mirco non conta niente, è solo un amore adolescenziale, uno sfizio per sentirmi ancora desiderata. Potrei anche convincerlo.

«Perché ho scelto te. Come allora.»

«Lo ami? Anzi no, sta' zitta. Lo so che lo ami ma non voglio sentirtelo dire.»

«Ok.» Faccio un passo verso di lui. Non indietreggia. Mi guarda confuso. «Quando l'anno scorso ho perso il bambino, il nostro bambino, ho capito che non posso rinunciare a te.» Lui trattiene il fiato, come se dovesse tuffarsi da un momento all'altro. Forse è così che si sente, in una gara a chi arriva prima al traguardo.

«Potevi avere lui» mormora quando sono così vicina che il suo profumo basta a confortarmi.

«Voglio te.» E quando mi prende in braccio, so che sarebbe successo comunque.

GIULIA

«È libero?»

Ho conosciuto Alice in quarta, mi ero appena trasferita da un'altra scuola elementare. Si passava lo smalto sulle unghie tutte mangiucchiate, io me ne stavo lì in piedi con il mio zaino in cerca di un posto. Quello accanto al suo era vuoto, così mi sono avvicinata. Non l'avevo ancora guardata in faccia. Di solito non rivolgevo io per prima la parola alle persone, e rispondevo solo se chiamata in causa. Lei continuava a passarsi il pennello sul pollice, era verde mela.

«Se non ti dà fastidio la puzza.» A me piaceva l'odore dello smalto. Mi colpiva le narici e mi restava addosso. Ma non glielo dissi, mi limitai a sedere. Fu allora che mi guardò. Era ancora una bambina, i lineamenti dolci, i capelli ondulati fermati sulla fronte con un cerchietto marrone. Lontana dalla vera bellezza che l'avrebbe colta qualche anno dopo, Alice mi ricordò un quadro bellissimo che avevo visto in una mostra, una volta che c'ero andata con mia madre. Non le ho mai detto che adoravo quell'odore e ogni volta che si metteva lo smalto, continuavo a fingere orrore e ad allontanarmi. Dopo la sua morte, ho buttato tutti gli smalti che avevo, persino quello verde acqua che mettevamo sulle unghie dei piedi.

Ho evitato molte cose da allora. I film sui ragazzi che muoiono, i miei compagni di classe che non la smettevano di trattarmi come una depressa, il tè inglese, la cioccolata alla nocciola, i Subsonica, e la stazione Roma Termini, dove una volta siamo salite su sei treni differenti senza biglietto, senza andare da nessuna parte.

Dicono che quando qualcuno muore, quelli che restano cambiano non solo dentro ma anche fuori. Così un giorno, qualche settimana dopo la morte di Alice, mia madre mi guardò, e mi disse che faceva fatica a riconoscermi. Io allora fissai la mia immagine allo specchio e vidi solo una ragazza magra e ossuta con i capelli dritti e gli occhi spenti. Stretta nelle spalle, come se mi fossi rimpicciolita. Fissai la sconosciuta e lei ricambiò il mio sguardo. Non eravamo amiche ma ci conoscevamo, e quelle ossa sporgenti su di lei, io le toccavo su di me. Ho avuto paura di rimanere così per sempre. Ma ero comunque io, lì sotto da qualche parte, solo che tutto quel dolore mi aveva cambiata.

Trasfigurata, pensai, mentre mi lisciavo i capelli con le mani. Ecco, il dolore ti cambia i lineamenti, deforma le espressioni, ti incastra sul volto una maschera perfettamente cesellata che non riesci a toglierti neppure con la forza.

Quando torno a casa da scuola piove ancora. Piove così tanto che ho le scarpe inzuppate. Il cellulare mi ha abbandonata sull'autobus, così non ho potuto chiamare mia madre. Percorro l'ultimo tratto di strada correndo, frugo ancora nello zaino cercando di ricordare dove ho dimenticato l'ombrello. Sotto casa inizio a sospettare di averlo lasciato in classe. Il cancello di casa è aperto, così accelero. Ma poi la vedo. È ferma, appoggiata con la schiena al cancello. Come se non piovesse, come se non avesse i lunghi capelli rossi incollati al viso, il giubbino bagnato e gli stivali fradici. Non so dire quanto le somigli. Ma per un attimo dimentico gli ultimi mesi, e Alice è ancora qui, in carne e ossa, solo un po' più alta. Distolgo lo sguardo e riprendo fiato, come se di colpo tutta l'aria fosse sparita dal mondo e dovessi farne a meno per sempre. Mirella non mi viene incontro, così restiamo a studiarci per un po'. So che è lei prima che me lo dica, prima che cominci a parlare.

«Ciao, Giulia.» Ha una voce sottile, bassa, i capelli le danno fastidio così se li sposta dal viso.

«Mirella» dico senza aspettare risposta. «Non ti aspettavo» è tutto quello che riesco a dire.

«Vuoi che me ne vada?» Arriccia le labbra come Alice.

«Perché tuo padre non si è fatto vedere? Siamo venuti a Napoli, ma non vi siete fatti vivi.» La pioggia è insistente, ma non riesco a muovere i piedi.

«Possiamo andare da qualche parte a parlare?» e con la mano si tocca i pantaloni zuppi.

«I miei non ci sono. Possiamo salire.» Mi segue senza dire molto. Si guarda intorno. Superiamo velocemente l'ingresso, lancio un'occhiata agitata allo studio di mio padre e la porto in camera mia chiudendo la porta. «Ti porto un asciugamano.» Lei si sfila il giubbotto e poi anche le scarpe e i calzini e si avvicina alla stufa a pellet.

«Dio, stavo congelando.»

«Sei venuta da sola?» È la prima cosa che mi viene in mente di chiederle.

«Non vedo mio padre da tempo» dice sfiorando le foto alla parete. Mi dà le spalle così non vedo la sua reazione.

«Le somiglio?» mi chiede, esitante.

«Come puoi vedere.»

«No, secondo te le somiglio?» Si volta e mi fissa. Vorrei dirle che hanno la stessa forma degli occhi, il naso allungato, il volto magro.

«Un po'» mi esce, e lei pare delusa. «Quando tuo padre mi ha scritto, ho avuto paura di conoscerlo ma poi lo volevo davvero» dico.

«È un codardo» dice, sprezzante.

«Ho conosciuto tua nonna.» Mi sembra l'unica cosa davvero bella di tutta questa storia.

«Santa donna, ma con loro non ci potevo restare.»

«Dove vivi?»

«A Ferrara, studio arte. È stato mio padre, sai, a convincermi a cercarti. Avevamo organizzato tutto. Ci saremmo conosciuti, avremmo parlato di lei, sarebbe stato bello.» Si ferma a respirare, poi riprende: «Quando mia madre è morta, lui è impazzito. Mia madre aveva un problema cardiaco grave, è morta dando alla luce Alice. Lui non poteva sopportarlo. Si sentiva in colpa. Io ero così piccola che non ricordo molto. Ma quando è riuscito a rintracciare Alice ero felice. Così le scrissi, le dissi *Sono tua sorella*. E lei mi credette subito».

«È stato Alessio a dirle che poteva essere malata?»

«Le scrisse poco prima della sua morte. Avrebbe dovuto dirglielo prima.» Mi porto una mano alla bocca. È una storia incredibile, ma è andata così: Alessio non le ha rivelato subito che la madre biologica aveva un problema al cuore. E quando l'ha fatto, era troppo tardi.

«Perché ha cambiato idea? Perché non ha più voluto vedermi?»

«È una persona incostante.»

«Come Alice» sussurro.

«Parlami di lei, raccontami qualcosa che sai solo tu.» Me lo chiede con una luce nuova negli occhi. Così ci sediamo sul letto. Io ho ancora il giubbino addosso e lo sfilo. Incrociamo le gambe e le parlo come se lei fosse sempre stata con noi, con me e Alice. Sarebbe stata la sorella maggiore complice e pazza. Le racconto dello smalto, dei mille ragazzi che le andavano dietro, di quanto le piacesse guardare vecchi film. Le mostro le foto a una a una, staccandole dal muro, come non mi ero mai decisa a fare. Mirella sorride con gli occhi, ogni tanto piange. È difficile recuperare una vita intera seppur breve, ma qui, in questa stanza, stiamo vincendo la morte.

«Avrei voluto conoscerla.»

«Posso scriverti qualche volta?» le chiedo, temendo la risposta. Solo ora noto che ha un tatuaggio dietro l'orecchio. Si scosta i capelli che si stanno arricciando da un lato, e la vedo. Una matita rossa, piccola e precisa.

«Puoi venirmi a trovare con il tuo ragazzo. Ce l'hai un ragazzo?»

«Sì, Mattia.»

«È una cosa seria?»

«Serissima.»

«E mia sorella avrebbe approvato?» È la prima volta che la chiama così. La fisso e ci penso su. Avrebbe avuto da ridire, si sarebbero scontrati, ma alla fine sarebbero diventati amici.

«Sì, a lei sarebbe piaciuto.» Mirella si alza, si infila i calzini ancora umidi e le scarpe. Vorrei trattenerla, dirle di restare ancora un po'. Ma non lo faccio.

«Sono contenta che avesse te. Mio padre ha scelto per tutti. Mi ha tolto mia sorella, e non glielo perdonerò mai. Ma è stata fortunata.»

«Grazie» le dico quando apre la porta.

«Ciao, Giulia.»
«Ciao, Mirella.»

Siamo sedute sul cornicione di un palazzo. Le gambe penzoloni e il vento leggero che non ci dà fastidio. Alice indossa lo stesso vestito bianco immacolato dell'ultima volta. Fissiamo un'intera città ai nostri piedi. È pieno giorno, così vedo tutto con nitidezza. I grattacieli che sfiorano il cielo, le guglie delle chiese, i rumori ovattati della città e centinaia di persone che affollano le strade.

«Dove siamo?» le chiedo.

«Non la riconosci?»

«Ci siamo già state?»

«Non ancora. Non te ne saresti dimenticata.» Mi guarda e sorride. Non è più arrabbiata, negli altri sogni era così dura. Ora il suo tono è quello di sempre, quello che ricordo.

«Ho conosciuto tua sorella» le dico.

«Alla fine ottieni sempre quello che vuoi.»

«Sento che mi sfugge qualcosa. Puoi aiutarmi?»

«Credi sempre a tutto quello che ti raccontano. Non fidarti di nessuno.» Per un attimo penso a Mattia.

«Ho le vertigini» le dico.

«Non guardare giù, guarda davanti. La verità è sempre davanti ai nostri occhi.» Si alza e prende a ballare. Si muove stringendosi le mani al petto. Ride e volteggia.

«Non ti è mai piaciuto ballare» le dico quasi urlando.

«A me no» continua a muoversi come se ascoltasse davvero una musica. «Ma la verità è sempre davanti ai nostri occhi.»

«Be', io non conosco questo posto.»

«Siamo sempre state insieme e tu nemmeno te ne ricordi. Magari un giorno questo posto ti sarà familiare, ti mancherà persino.» Smette di colpo e mi fissa. «Non l'hai ancora capito, vero?» Mette un piede sul bordo del cornicione.

«Com'è morire?»

«Come volare.»

«Ma io non ho mai volato.»

«Ed io non ero mai morta.» Mi dà le spalle. Allarga le braccia. «Volare via come una farfalla.» E si getta nel vuoto in un unico slancio.

La verità è sempre davanti ai nostri occhi.

Capitolo XV

MATTIA

Giulia non dice molto durante la cena con i suoi. La madre ha ordinato la pizza, così la mangiamo in sala davanti alla tivù. Il padre sta spiegando l'importanza di stipulare un'assicurazione sulla vita, sua moglie lo guarda fingendo interesse.

«Così tra qualche anno Giulia si ritroverà con almeno il doppio della cifra.»

«E potrà avere un matrimonio da favola» commenta Marta. Io tossisco. Fisso Giulia ma lei distoglie lo sguardo. Non è imbarazzata, non sta nemmeno davvero ascoltando. Ha pianto, gli occhi sono rossi e ha le labbra screpolate. I capelli tirati sulla nuca.

«Fa caldo qui dentro» dice e si alza a regolare la temperatura.

«Allora, Mattia, hai già visitato qualche facoltà?» mi chiede Fabrizio abbassando il volume della tivù. Gli racconto che la scuola ha organizzato alcune visite guidate in giro per le università di Roma. Ma che non ne ho bisogno, so già quale sarà la mia scelta.

«Biologia è impegnativa» si intromette Marta.

«Me la caverò.»

«Mamma, noi andiamo di là» dice Giulia alzandosi di nuovo.

«Ma non hai neppure finito di mangiare.» Giulia ha lasciato quasi tutta la pizza nel piatto, ha tagliato a metà solo una fetta eliminando i pomodori.

«Ho mal di stomaco» si giustifica.

«Ok» interviene suo padre.

La seguo mentre entriamo in camera sua. È tutto in ordine, troppo.

«Che c'è che non va?»

«Non ci deve essere sempre qualcosa, sai.» È acida e lontana.

«Se non volevi che venissi…»

«Ti sei autoinvitato.» Mi gela e non so neanche come ribattere. «Davvero?»

Lei chiude la porta e si siede sul letto. Io resto in piedi, indeciso se andare via. Non abbiamo mai litigato sul serio.

«Quando ero piccola non dormivo. Ero una di quelle bambine piagnucolone che urlano nel cuore della notte. Mi piaceva sentire la pressione di un altro corpo accanto al mio, ho sempre avuto paura di rimanere da sola.» Mentre lo dice non mi guarda. Si alza, poi si risiede. So che è successo qualcosa. Ma non è pronta a raccontarmelo. Solo ora mi accorgo che la sua stanza è rimasta uguale. Dopo la morte di mia madre, io e mio padre, con un tacito accordo, abbiamo lasciato solo qualche fotografia. Tutti i suoi vestiti li abbiamo portati da mia zia Anna.

Qui dentro sembra di stare in un santuario.

«C'era questa storia del pastore Geremia. Così si chiamava, un nome buffo, mi faceva sorridere ogni volta che mio padre lo pronunciava. Mio padre si sedeva qui sul bordo del letto. Voleva convincermi a dormire da sola. Geremia aveva due figli. Ogni sera li chiamavamo in modi diversi. Geremia no, ci piaceva così com'era. Me lo immaginavo rozzo, alto e sporco. Con una pelliccia buttata sulle spalle.» Prende fiato e ne approfitto per sedermi sul letto accanto a lei. Ma non la tocco. Voglio sentire davvero questa storia. «Geremia aveva mille pecore, e ogni giorno le mungeva a una a una senza aiuti, e con il latte la moglie ci faceva il formaggio. Un giorno però un cane, un pastore tedesco che lui non aveva mai visto, le sbranò, uccidendone tre.

Quante ce ne sono ora, se prima erano mille e il cane ne uccide tre? Novecentonovantasette, papà, gridavo io tutta contenta. E la sera seguente le pecore uccise dal cane potevano essere aumentate o diminuite. *Allora Giulia, se il cane ne uccide sei, quante ne restano a Geremia? Novecentonovantaquattro, papà.* Così imparai la matematica e quando sono cresciuta, ogni volta che dovevo fare un calcolo ripensavo alle pecore di Geremia. Ma non te lo sto raccontando per questo.»

«Perché allora?» le chiedo assecondandola senza capirci granché.

«Il cane sorveglia le pecore, poi le sbrana. Il cane di Geremia. L'ha tradito.»

«Era solo un cane. E hai detto che lui non l'aveva mai visto prima.»

«È quello che pensavo. Ma non ricordavo la verità. L'ho distorta. Ho sempre creduto che il cane non fosse suo perché non riuscivo ad accettare che avesse tradito il suo padrone.»

«Ehi» le prendo il volto tra le mani, «che significa? Di me non ti fidi?» Come in trance Giulia si alza scansandomi. Non la riconosco. Così comincio ad avere paura.

«La verità è così vicina, stavolta.»

«Quale verità?»

Si volta a guardarmi, ha gli occhi stanchi. Pare rassegnata. Afferra il telefono.

«Ciao Angela, lo so che è tardi ma posso passare da te?» Ha lo sguardo assente e continua a mangiarsi le unghie.

«Portami da Angela» dice solo quando riattacca. E in un attimo siamo già in strada, incuranti delle occhiatacce di sua madre che non crede alle nostre giustificazioni. La tengo stretta mentre raggiungiamo la mia auto. Lei trema e quando mi guarda è così lontana che se urlassi non si sentirebbe neppure.

ANGELA

Mattia ci lascia sole. Non ho bisogno di guardare Giulia a lungo per sapere che ha ricordato. Le mani le tremano e ha il volto arrossato, come se si sforzasse di non piangere. Ma poi lo fa, prima di iniziare a parlare.

«Sediamoci» dico ma lei scuote la testa. Prevale l'istinto di contraddirmi. Si sfila il cappotto e lo getta sul divano. Ma poi mi segue quando vado a sedermi. Incrocio le gambe e la guardo negli occhi. Sostiene il mio sguardo. Le passo i Kleenex.

«Sei pronta a raccontarmi?» le chiedo.

«Credevo dovessi dirmi tu qualcosa» mi sfida senza riuscire a fermare le lacrime.

«Purtroppo non posso.»

«Credi ancora che sia una tua paziente, dopo quello che ho scoperto?»

«Non l'hai scoperto, l'hai ricordato.» Abbassa lo sguardo. Quando il ricordo non ha ancora contorni definiti la mente umana è manipolabile. Basterebbe un niente per gettarla in confusione, per mettere in dubbio le sue convinzioni.

«Come ho fatto a dimenticarmene?»

«Un passo alla volta.»

«Da dove partiamo?»

«Dal tuo primo ricordo.» Mi guarda, sta frugando nella sua mente alla ricerca della prima immagine di noi insieme. Andrà indietro nel tempo, si scontrerà con la bambina testarda, eviterà la verità.

«Non farlo.»

«Cosa?»

«Sforzarti, dimmi solo il tuo ricordo più lontano.» Non parla. Apre la bocca e la richiude a intervalli regolari. Controllo che il suo respiro non sia spezzato. Ricaccia indietro le lacrime. Avremo tempo di piangere.

«Angela, ho paura, io e te, io e te...» Si copre la bocca con le mani.

«Lo so, Giulia, era necessario.»

Si alza di scatto e si aggira per la stanza, ferita e angosciata. Viene verso di me, abbassa la testa e poi siamo occhi negli occhi.

«Mi riconosci?» le chiedo solo. Sorride e basta.

GIULIA

Mi-chiamo-Giulia-ho-9-anni-sono-alta-1,25-peso-28-kg-mia-madre-si-chiama-Marta-mio-padre-Fabrizio-oggi-è-il-15-ottobre-la-dottoressa-è-gentile-mia-mamma-è-qui-fuori-nonna-Linda-è-morta-tre-settimane-fa. Mi-chiamo-Giulia-ho-9-anni-sono-alta-1,25-peso-28-kg-mia-madre-si-chiama-Marta-mio-padre-Fabrizio-oggi-è-il-15-ottobre-la-dottoressa-è-gentile-mia-mamma-è-qui-fuori-nonna-Linda-è-morta-tre-settimane-fa.

«Allora, sei pronta per l'esercizio di oggi?» La dottoressa mi guarda come se mi mettesse a fuoco per la prima volta. La stanza è tutta rosa con diversi disegni appesi alle pareti. C'è un'impronta di una mano verde, due bambini di spalle che si tengono per mano. Forse qualcuno l'ho fatto io. Forse se mi sforzassi potrei ricordarmene. Annuisco senza parlare.

«Come sempre io ti mostro delle foto e tu mi dici se riconosci qualcuno.» Annuisco ancora. Non ricordo l'esercizio, anche se dovrebbe essermi familiare, ma non lo dico alla dottoressa. La dottoressa è gentile, allunga una foto verso di me. Siamo entrambe sedute ma lei mi sovrasta e quasi mi manca l'aria quando mi passa la foto. Siamo sole nelle stanza.

«È mia madre» le dico convinta, «si chiama Marta ed

è mia madre.» Quasi mi sento fiera di me stessa. La dottoressa sorride. Apre le foto tra le dita come un mazziere esperto, lasciando i volti scoperti davanti ai miei occhi, poi sceglie la mossa successiva.

La foto ritrae una bambina bellissima. Ha i capelli lucidi e vivi come il sole e un sorriso magnetico.

«È bella» le dico.

«Sì, molto, ma anche tu lo sei.» Abbasso lo sguardo, imbarazzata. Indosso un pigiama grigio con i fiocchi rossi.

«Io dormo qui?» le chiedo incerta.

«Sì, Giulia, in fondo al corridoio c'è la tua stanza.»

«La mia stanza, c'è una signora nella mia stanza, è tanto vecchia.»

«Sì, Giulia, è la signora Silvia, ti ricordi di lei?»

«Posso tornare a casa?»

«La foto, ti dice qualcosa?» Me la rigiro tra le mani e come sempre quando la memoria mi inganna, ripeto all'infinito la mia nenia. Mi-chiamo-Giulia-ho-9-anni-sono-alta-1,25-peso-28-kg-mia-madre-si-chiama-Marta-mio-padre-Fabrizio-oggi-è-il-15-ottobre-la-dottoressa-è-gentile-mia-mamma-è-qui-fuori-nonna-Linda-è-morta-tre-settimane-fa. Mi-chiamo-Giulia-ho-9-anni-sono-alta-1,25-peso-28-kg-mia-madre-si-chiama-Marta-mio-padre-Fabrizio-oggi-è-il-15-ottobre-la-dottoressa-è-gentile-mia-mamma-è-qui-fuori-nonna-Linda-è-morta-tre-settimane-fa.

«Ti ricordi di lei, Giulia?» Scuoto la testa. Guardo la dottoressa e lei con la mano fa il gesto dei momenti peggiori. Quando mi concede di barare. Quando riconosce che neppure stando qui sedute tutta la vita le direi il nome giusto. Così giro la foto e sulla parte più bassa c'è scritto ALICE.

«Alice» dico solo, come se il suo nome bastasse a consolarmi, a nascondere il mio errore e a ricordarmi di questa persona.

«Associamo ad Alice la prima immagine che ti evoca il suo nome.» Bussano alla porta e ringrazio chiunque stia per entrare.

«Oh, vieni, vieni.» La dottoressa si alza e sembra contenta dell'arrivo della ragazza. È impacciata mentre ci raggiunge. La dottoressa le passa un braccio sulle spalle. Anche questa ragazza ha il camice bianco.

«Giulia, ti presento Angela, la mia nuova specializzanda.»

«Piacere, Giulia.» Angela ha gli occhi grandi e le mani calde. Così quando me le stringe tra le sue, mi sento al sicuro.

«La dottoressa Casale mi affiancherà nei nostri incontri. Potrà capitare che io non ci sia, ma vedi, Giulia, Angela saprà guidarti. Fidati di lei.»

Mi fido penso, mi fido.

ANGELA

«Mi riconosci?» le chiedo ancora. Giulia torna a sedersi. Fuori continua a piovere.

«Avevo nove anni» dice, e non so se sia una domanda. Ma annuisco comunque. «Io ti conoscevo» dice triste.

«Vuoi partire da questo?»

«Non è questo l'inizio?»

«Ti ascolto.» Decido di lasciarla parlare. Quando incontro la prima volta un paziente cerco di identificare quale tipo umano rappresenti. Non è pregiudizievole, serve a orientarci. Quando ho incontrato Giulia, ho subito capito che era una gregaria, una abituata a seguire le personalità spiccate.

«Sei sempre stata tu. L'anello mancante. Quella sensazione di familiarità. Non volevo dare retta ai segnali.»

«Hai deciso di accantonare la verità, è un effetto collaterale dell'amnesia. Lasci da parte i segnali. Ti dici che sei impressionabile, l'avrò vista per strada, ti sarai detta.»

«È per questo che siamo andate a Napoli. Per questo mia madre mi ha lasciata venire con te senza fare storie. Tu sei… cosa sei?»

«Il tuo medico.»

«Da quanto?»

«Sette anni e sei mesi. Ci siamo conosciute…»

«Lo so, l'ho ricordato. Tu non sei solo una psicologa, sei un medico. Ci siamo conosciute in quella clinica per i matti perché io sono una matta. Era pieno di anziani e io ero l'unica bambina. Questo mi ricordo. Mi sentivo sola e triste il più delle volte.»

«È solo un centro specializzato nei disturbi cognitivi.» Mi alzo e metto su l'acqua per il tè. Giulia è stata la mia prima paziente. La dottoressa Bettoni seguiva il suo caso con particolare interesse. Non le era mai capitato niente del genere prima di Giulia. Il paziente zero. Anche oggi la ricerca medica non può dare una definizione del suo malessere emotivo.

«Si guarisce da questa cosa?» Anche se non siamo faccia a faccia so che sta sgranando gli occhi in attesa della mia risposta.

«Ci stiamo provando.» Abbasso lo sguardo. La memoria di Giulia è un rompicapo senza soluzione. Per adesso.

«Come funziona?»

«Non sappiamo da dove sia partito il tuo disturbo. Fino all'età di otto anni non hai mai avuto problemi di alcun tipo. Tua madre ci raccontava che eri la prima della classe nel recitare le tabelline. È stata lei ad accorgersi della tua regressione. Noi pensiamo…»

«Noi?»

«Il tuo caso è seguito da molti specialisti.»

«Una pazza famosa.»

«Stiamo tentando, Giulia.»

«Da otto anni? Sono un esperimento, il modello da studiare. Almeno nessuno si dimenticherà mai di me, che ironia.»

«Non lo pensare. Non ho mai permesso niente del genere. Hai cominciato dalle piccole cose, i nomi dei tuoi cari, le lezioni di storia, l'indirizzo di casa o il numero dei tuoi genitori. All'inizio ci siamo detti che era un'amnesia transitoria legata alla crescita. C'erano dei giorni in cui recuperavi completamente coscienza di te, e altri in cui ripetevi sempre le stesse domande.»

«Come l'Alzheimer? Ho l'Alzheimer» mormora spaventata, come se dare un nome alla cosa potesse farla stare meglio.

«Sei troppo giovane per quello.»

«Questa discussione, questa scoperta è già avvenuta?» Ecco, questa è la fase in cui comincia a ragionare sull'assurdità della sua vicenda. Molte volte Giulia ha dimenticato e altrettante ha ricordato. Ma questa volta so che è diverso. Non eravamo mai arrivate a questo punto.

«Perché dimentico? Ci deve essere un motivo.»

«Pensiamo che sia legato alla tua sfera emotiva. Ogni volta che ti trovi in una situazione stressante o che subisci un cambiamento emotivo importante, la tua mente reagisce accantonando quelle informazioni. Evita il dolore dimenticando. Vedi, prima di Alice era da due anni che non avevi segni di squilibrio cognitivo. Poi lei è morta e tu hai dimenticato ogni cosa, i suoi segreti, le sue confidenze. La sua malattia. E tutto il resto.»

«Ma si può vivere così? Posso vivere senza ricordi?» Ora è aggressiva, come sempre quando le racconto la verità. È impulsiva, crede di poter fare a meno della terapia, diventa un muro invalicabile.

«Dimenticherò anche questo, domani o dopodomani, io mi scorderò di te. Sarà così per sempre?»

«A questo non posso darti risposta, ma so che io ti guiderò. Giulia, ne abbiamo passate tante insieme.» La vedo piccola e indifesa nel mio primo studio appena affittato in mezzo agli scatoloni a ripetere le sequenze numeriche con l'aiuto della madre. Ha dieci anni quando si dimentica di me la prima volta, undici quando mi dice di volere un gatto per poi dimenticarsi di lui il giorno dopo. A dodici anni la porto con me al balletto e piange tra le mie braccia quando mi crede una sconosciuta. Guardo questa ragazza che ha già vissuto troppe vite e vorrei solo stringerla a me.

«Come si chiama questa cosa che ho?»

«Non ha un nome, la chiamiamo memoria solitaria.»

«Perché?»

«È solo un nome.»

«Perché chi ce l'ha è solo, io sono sola.» Le porto il tè ma lo rifiuta con un gesto della mano. Mi siedo e lascio il tè sul tavolo basso.

«Quando sei tornata dopo la morte di Alice e non mi hai riconosciuta è stata dura anche per me, ci tengo a te e non ti lascerò sola.»

Me la ricordo quando è tornata da me. Sua madre era disperata. Giulia non parlava, non interagiva. Le ho raccontato una verità parziale, le ho detto che aveva un'amnesia selettiva. Non ha accennato a niente del nostro primo incontro, forse un guizzo nei suoi occhi, un riferimento al pianoforte di cui avevamo già parlato, o all'agenda. Non ricordava neppure di saperlo suonare il pianoforte. Come ogni volta ho chiesto alle persone intorno a Giulia di non parlarle del suo disturbo. Non potevano rivelarle la verità. È stata questa la parte più difficile, convincere tutti a fidarsi di me. Ma non glielo dico. Non le sarebbe d'aiuto. Così le prendo le mani, fa per ritrarle, ma poi ci ripensa.

«Hanno finto tutti come in una recita. Dio, che vergogna. Ho dimenticato così tante cose, tutta la sua storia, tutte le confidenze che mi faceva a mezza voce per paura che i suoi ci sentissero.»

«L'hanno fatto su mia richiesta. Volevano solo aiutarti.» Lei scuote la testa.

«Sono stata io a presentarti Alice, me lo ricordo» e chiude la bocca impressionata dai suoi stessi ricordi.

«Tu conoscevi tutto di me, venivi a casa mia, ai miei compleanni, tu la conoscevi.»

«E le volevo bene. Quando è morta ho temuto il peggio per te.»

«Perché non ho dimenticato anche lei, perché non ho dimenticato la sua morte?»

«Perché era presente in ogni aspetto della tua vita, io credo che la tua mente non abbia potuto accantonare una parte così corposa di ricordi.»

«Perché lei era parte di me.» Abbassa lo sguardo, triste.

Ho conosciuto Alice quando aveva dodici anni, era presente in ogni racconto di Giulia, così decisi di parlare con lei. Dopo un anno sua madre cominciò a mandarla da me, una volta a settimana. Stavano preparandola alla notizia della sua adozione. Io le vedevo entrambe, ma questo Giulia non lo sa.

«Me lo diceva in ogni sogno, di guardare con i miei occhi. Che la verità era sotto i miei occhi. Ma io non ho voluto vedere. E non si tratta solo dell'amnesia. Sono sempre stata così. È colpa mia» dice mentre si alza e afferra il cappotto.

«Abbiamo ancora molto di cui parlare» tento di calmarla.

«Sono stanca.»

«Vuoi andare a casa, o a fare una passeggiata?»

«Voglio andare via.» Mentre lo dice si massaggia le tempie.

«Aspetta, Giulia.»

«No, io non voglio vederti più. Sei licenziata o come cavolo funziona.» Si avvia in corridoio, chiama Mattia.

«Mi dispiace» dice lui. Ha l'aria affranta, come se volesse cambiare le cose. È impotente. Come me. Non so quanto sappia della storia, ma è deluso.

«Spero di svegliarmi domani e di non ricordarmi di te» mi dice Giulia, tagliente. Dovrei essere professionale e distaccata. Ma le sue parole suonano come la peggiore delle verità.

Mi sento come se l'avessi tradita ancora, perché non le ho detto un altro pezzo di verità. La verità su lei e Alice.

Siamo nel mio studio. Alice mi parla della scuola, di Lorenzo che non fa che metterle le mani sotto il maglione. Ma lei non è pronta, aspetta quello giusto, mi strizza l'occhio mentre me lo confida. Lo fa spesso, all'inizio credevo fosse un tic. È novembre e oggi il sole è così forte che lei mi chiede di tenere chiuse le tende. Indossa un abitino senza forma che le sta largo sulle spalle, è dorato.

«Questa è l'ultima, è arrivata ieri» dice porgendomi la busta bianca. Leggo il mittente: *Alessio Napolitano.*

«L'hai letta?» Scuote la testa.

«Puoi leggerla per me?» mi dice. E io lo faccio. Alessio le racconta di quando sua madre non voleva salire sulle giostre per la festa di San Gennaro e lui la costrinse. Dopo si baciarono, *e non la finivamo più*, le scrive in una calligrafia minuta e sottile come se fosse indeciso se dirlo o meno.

«Avrei voluto conoscerla.»

«C'è una foto» le dico sfilando la fotografia e guardando l'immagine di una giovane donna della mia età dai capelli castani e il volto gentile. Il volto di Alice. *Maria*, c'è scritto dietro. Gliela passo. Lei non commenta, la ripone nella busta e la poggia sulla scrivania.

«Ci incontreremo» mi comunica.

«L'hai detto ai tuoi genitori?»

«Non ancora.»

«Hai intenzione di farlo?»

«L'ho detto a Giulia.»

«Cosa ne pensa?»

«Oh, quello che pensa sempre Giulia. Che è sbagliato nascondere le cose, mentire. È una saputella.» È quasi stizzita mentre lo dice.

«Ma è la tua migliore amica.»

«È diversa da me» si affretta a precisare.

«Descrivimela.»

«Be', la conosci.»

«Voglio il tuo punto di vista.»

«Le voglio bene, ma quello che le succede a volte mi spaventa. Devo ricordarle chi sono.»

«Cosa ti spaventa?»

«Che si dimentichi di me, io poi che faccio, resto da sola? Vorrei un'amica normale, una che ci sarà sempre e comunque.» Si guarda intorno come se qualcuno potesse sentirla, e poi ricomincia. «Vive in un mondo tutto suo, sta sempre con la testa nei libri. I ragazzi non li guarda neppure. O meglio, loro non la notano.»

«Non credi sia carina?»

«Certo, ma non è quello il suo problema.»

«Come siete diventate amiche?» le chiedo curiosa, e lei si illumina tutta.

«Il trucco dello smalto.»

«Cioè?»

«Questa non la conoscevi, eh? Primo giorno di quarta, lei era nuova, faccio finta di mettere lo smalto. Lei si siede nonostante la puzza. Cioè, a nessuno piace quel tanfo. Neppure a me. Ma lei lo sopporta e resta seduta vicino a me. Ho pensato che avrei potuto chiederle tutto» dice tutta fiera della sua trovata.

«E lo fai, le chiedi tutto?»

«Stai pensando male di me? Io le voglio bene. Solo immagina se avessi un'amica testarda come me. Sai che palle?»

«Ovvio.» Scrivo sulla mia agenda, poso la lettera nel cassetto dove tengo le altre.

«Alice, vuoi la foto di tua madre?»

«No, tienila tu. Mi rattrista» e fa spallucce. Sta per alzarsi. «Ci credi ai sogni?»

«Di che tipo?»

«Voglio fare il medico.»

«Mi sembra grandioso.»

«E voglio girare il mondo, guarda.» Tira fuori una cartina piegata dalla tasca dello zaino. «A dicembre io e Giulia andiamo da mia zia a Londra. Avrei voluto andarci da sola, ma mia madre ha insistito. E vorrei incontrare mio padre, andarmene con lui.»

«E lasciare la tua famiglia, i tuoi amici, lo faresti?»

«Se me lo chiedesse, sì.»

«Hai paura che non ti voglia?»

«Sono sicura che quando ci incontreremo, me lo chiederà.»

Si alza davvero stavolta.

«A mercoledì.»

«Alice.»
«Sì?»
«Sono sicura che realizzerai tutti i tuoi sogni.»
«Anch'io, a uno a uno.»

Capitolo XVI

GIULIA

Non sono mai venuta a trovarla al cimitero, se non consideriamo il funerale e il giorno dopo per la sepoltura. Ogni volta che volevo sentirla vicina andavo al cimitero degli inglesi, e vagavo tra le tombe, come facevamo insieme fingendo di essere avventuriere di un altro secolo, patriote scampate alla guerra. Io inventavo e lei mi seguiva, spesso sbuffando.

Devo sforzarmi di ricordare il corridoio giusto, giro a destra, poi vado a sinistra e mi ritrovo esattamente dove ero prima. Dopo dieci minuti arrivo sulla sua tomba.

Non so se sarà sempre così, ma oggi è uno di quei giorni buoni. Mi sono svegliata presto, sebbene sia sabato. Ho fatto la doccia, assaggiato la torta di mele di mia madre e mi sono infilata in metro, dopo aver mandato un sms a Mattia.

Sono passate tre settimane dalla sera in cui sono andata a casa di Angela e non le ho più parlato. Ma ho affrontato i miei genitori, insieme stiamo cercando di recuperare la fiducia reciproca. All'inizio ero così incazzata che non ci volevo neppure parlare, poi si sono scusati, non potevano fare altrimenti. I miei ricordi sono quelli di una bambina imbronciata e spaesata.

Angela mi ha telefonato, ho rifiutato ogni chiamata e quando si è presentata a casa mia non ho voluto incontrarla.

La foto è in una cornice ovale, dai bordi dorati, una cornice molto comune. Lei l'avrebbe detestata. Non le ho portato dei fiori, ma ci sono delle rose rosse fresche in un vaso.

«Ciao» mormoro. «Certo, non puoi rispondermi. Che bella fregatura, alla fine ho ricordato tutto.» Mi guardo intorno per controllare se qualcuno mi ha notata. «Mi manchi, Ali. A volte mi chiedo se saremmo rimaste amiche anche dopo il liceo o l'università. Ma non posso saperlo. Non ho potuto fare niente per te. Ma ti prometto che se mi permetteranno di conservare un solo ricordo, io chiederò che sia il tuo nome. Non te l'ho detto mai, ma amavo il tuo nome, amavo il modo in cui stavamo crescendo insieme. Forse non riuscirò mai ad avere la mia vita interamente tra le mani, ma sono viva. Vorrei solo che tu mi dicessi cosa devo fare adesso, perché io non lo so. Non lo so davvero come va a finire.»

Resto lì a fissare la sua foto, i suoi occhi così belli.

Mattia si guarda intorno, arriva sempre in ogni momento opportuno della mia esistenza. Alzo una mano e mi vede. Si avvicina con il sorriso sulle labbra, come se non gli avessi chiesto di venire a conoscere la mia amica morta.

«Ehi.» Mi dà un bacio sulla guancia. Dopo che ho ricordato tutto e gliel'ho raccontato, è sembrato scioccato almeno quanto me.

«Così lei è Alice» dice guardando la lapide. «Siamo alla fine?»

«Più o meno» lo guardo negli occhi, «non ti ho fatto venire qui solo per lei. Volevo dirti una cosa.» Deglutisco rumorosamente e lui ride.

«Devo preoccuparmi?»

«Ascoltami fino alla fine.»

«Ok.»

«Devi andare a Londra.» Non ci stiamo guardando ma so che ha chiuso gli occhi, e lo sento scuotere la testa.

«Giulia, ancora.»

«No, davvero. Devi andare perché se resti mi odierai. Mi guarderai e vedrai tutto quello a cui hai rinunciato.»

«Non lo farei mai.»

«Magari adesso non ci pensi. Mattia, siamo ancora così giovani. Magari ci lasciamo, e tu avresti accantonato questa cosa inutilmente.»

«Caspita, quanta fiducia nella nostra storia.» È deluso ma non mi molla.

«Non significa che ci lasceremo.»

«E come pensi che faremo, tu qui e io a Londra? Sarà un casino.» Intreccio le mie dita alle sue. «Ora lo capisco, sai. Quando dicevi che avresti voluto conoscermi tra qualche anno, che sarebbe stato più facile…» Ecco, sentirlo dire da lui fa davvero male.

«Magari andrà bene.»

«Giulia, non voglio che sia un inferno, non voglio che tu stia qui da sola.»

«Non sarò sola, e ci rincontreremo. O magari io mi dimenticherò anche di te e non ti vorrò più.» Lo dico sorridendo, ci scherzo su, ma è questa la mia paura più grande.

C'è sempre una fine per le cose, che sia quella che avevamo progettato o una totalmente diversa. Perché quando le cose capitano, noi non possiamo farci proprio niente.

Romina è seduta sulle scale di piazza di Spagna. Ha in testa un cappello di lana nero e anche se è mezzogiorno e c'è una luce accecante, fa davvero freddo. Non mi aspettavo che rispondesse al mio messaggio, ma speravo venisse all'appuntamento. Ecco, ci sono persone per le quali non è prevista una parte, pensi che resteranno ai margini della storia, e quando decidi di farle entrare in scena, puoi addirittura sentire l'applauso della folla. Qualcuno è in piedi.

«Fame?» le dico sedendomi nell'unico spazio al suo fianco. I gradini sono tutti occupati.

Un ragazzo suona la chitarra proprio sotto di noi.

«Mi hai fatta venire di sabato, quando l'officina è piena, per pranzare?»

«Scusami, non ci avevo pensato.»

«Non funzionerà mai, lo sai?»

«Cosa?»

«Se continui a scusarti, non funzionerà.»

«Ok, allora 'fanculo. Sei venuta lo stesso.» Ride senza far rumore, come se non avesse mai nessuno con cui farlo. E mi ricorda me stessa, la mia solitudine.

«Sono una stronza, ma non una maleducata.»

«Mattia va a Londra» le dico guardandola.

«Seguirà la sua passione?» Scoppiamo a ridere.

«Il progetto sulla nascita e l'evoluzione delle farfalle.»

«E tu sei d'accordo?»

«L'ho convinto io.»

«Sei pazza forte.»

«Non volevo che avesse rimpianti.»

«E tu che rimpianti hai?»

«Di aver vissuto nell'ombra. E ora che l'ombra non c'è più, faccio un po' fatica.»

«Puoi sempre mettere un cappello, non è la stessa cosa, ma funziona.»

«Dici che ci lasceremo?»

«Dico che Mattia è cotto. E che Londra non è così lontana.» Sbuffo, pensando a tutte le litigate che dovrò sorbirmi con mia madre.

«Magari in compagnia di una più grande ti faranno andare.» Ci guardiamo. Io annuisco. «Io non vado d'accordo con le ragazze» dice. «Non ho frequentato molto la scuola, e Massimo è l'unico che mi capisce.» Parlare le costa così tanta fatica che si ficca il berretto sempre più a fondo sulla testa. «Mi dispiace per la tua amica.»

«Grazie.» Non le ho detto tutta la verità perché ho paura che mi guardi come fanno i miei genitori. O come mi fissa Mattia quando crede che sia distratta. Certi giorni più degli altri sento la sua paura. Paura che dimentichi le nostre risate. Paura che mi dimentichi di lui.

«Allora, 'sto panino dove andiamo a mangiarlo?» Si alza e io la seguo. «A Campo dei Fiori c'è una macelleria che fa un hamburger buonissimo.» E spingiamo nella folla, le prendo la mano e corriamo per un tratto. Quando arriviamo senza fiato sono felice come non mi accadeva da tempo. Ordiniamo, e ci allontaniamo dalla fila per mangiare il panino.

«Anche se Mattia se ne va, noi restiamo» dice a mezza voce, masticando lentamente. «Sì, io, Francesco, Claudio, pure Massimo. Basta che stai attenta alle scarpe. Restiamo qui, e ci facciamo compagnia» e non so perché ma l'idea basta a tranquillizzarmi.

«Può funzionare» le dico, sporcandomi di maionese.

«Può funzionare» ripete a voce più alta.

Quando mi riceve nel suo studio, Andrea non c'è, così è lei a venirmi ad aprire. Indossa una giacca a quadri bianca e nera, con una camicia abbinata e un pantalone nero, i capelli legati in una coda morbida.

«Ho appena lasciato l'ultimo paziente» mi dice ed entriamo dalla porta più piccola.

«Mi dispiace di averti avvisata all'ultimo.»

«Non è mai stato un problema.»

La seguo nel suo studio. Da quando ho ricordato non ci ho ancora messo piede. Allora tutto mi colpisce. Le tende chiuse, la musica in sottofondo, il pianoforte. Come se finora non avessi fatto caso a quanto tutto mi fosse familiare. Ho costantemente paura. Paura di dimenticare i dettagli delle giornate, che il lunedì è il lunedì, che mi piace la pizza con le acciughe. Fisso i miei genitori nel tentativo di memorizzare il contorno dei loro occhi. Che Alice sia morta. Di amare Mattia. Ho paura di dimenticarmi di essere giunta fin qui, in questo studio, con Angela, come la prima volta.

«Siediti.» Suona quasi come un ordine, così resto in piedi. È nervosa, quasi impaziente. Prende l'agenda dal cassetto e sopra ci poggia una cartellina rossa.

«Sto bene così.»

«Sono le lettere, ho pensato che volessi leggerle.»

«No, non voglio. Ho i miei ricordi» le dico, sfrontata.

«Giulia, non è l'atteggiamento giusto.»

«Vuoi dire trattarti da schifo? Be', sì, l'ho pensato anch'io. Ma tu ti sei preoccupata di quello che mi stavi facendo?»

«È il mio lavoro.»

«Allora non dovevi portarci a Napoli» quasi urlo.

«Me l'hai chiesto tu» dice difendendosi per la prima volta.

«Alessio tu l'hai incontrato, vero?» Ci ho pensato e ripensato. Deve per forza averlo visto. Lei si alza, fa il giro della scrivania e viene dalla mia parte.

«Non ha voluto incontrarti. L'ho pregato, ma non ha voluto.»

«Perché?» le chiedo con un filo di voce.

«Pensava non fosse la cosa giusta per te.»

«Non mi conosce. Come fa a saperlo?»

«Nessuno può saperlo. Ma è una brava persona a cui è successa una cosa brutta.»

«Voglio interrompere la terapia. Ne ho parlato con i miei, e loro sono d'accordo. Se lo voglio davvero.»

«E lo vuoi?» mi chiede guardandomi. Riconosco in lei l'amica di tutti questi mesi, ma è come se non avessi più voce per parlarle.

«Non riesco più a parlare con te.» Ecco, glielo dico.

«Facciamo un passo indietro. Non ti fidi più di me.

Ma hai ancora bisogno della mia consulenza.» Si interrompe e si fa più vicina, come se volesse toccarmi. «Il fatto che tu abbia ricordato ci dice che la tua mente sta reagendo. Ma non sappiamo come ti sveglierai domani.»

«Perché tu mi hai nascosto la verità.»

«L'avrebbe fatto chiunque.»

«Per me non eri chiunque.»

«Sono il tuo medico. Giulia, pensaci. Non devi decidere ora. Ma non interrompere la terapia. Se non vuoi più venire da me, lo capisco. Ma non mollare proprio ora. Per te e per Mattia.»

«Parlami di lei.»

«Di chi?»

«Di Alice.» Non se l'aspetta e distoglie lo sguardo.

«Hai ricordato anche questo?»

«Le mie rotelle della memoria stanno funzionando bene.» Angela prima scuote la testa e poi ride. In realtà ho voglia di ridere anch'io, così lo faccio.

«La conoscevi meglio di me» mi dice.

«Forse no.»

«Che vuoi dire?»

«Che la idealizzavo, vivevo nella sua ombra. Non sarei mai venuta fuori se lei non fosse morta. Ecco, il mio pensiero cattivo per oggi.»

«Non è sbagliato pensarlo.»

«Mi sento in colpa.»

«Sediamoci.» E stavolta lo faccio.

«Mi manca, ma voglio togliermi questa tristezza di dosso.»

«Sono sicura che ne sarebbe contenta.»

«Ti parlava di me.»

«Continuamente.»

«E?»

«Sei una mia paziente, e parlare delle mie sedute con Alice non fa parte dei nostri scopi.»

«Giusto. In fondo, sono ancora qui seduta a confidarmi con te. Al diavolo, ho detto a Mattia di andare a studiare a Londra.»

«Perché l'hai fatto?»

«Per il suo bene.»

«Non eravamo d'accordo che avresti pensato a te?»

«Non volevo sentirmi responsabile.»

«E partirà?»

«Ci sta pensando.»

«La cosa ti rattrista?»

«Mi mette ansia.»

«Potresti seguirlo tra un po'.»

«Ci ho pensato.»

«E?»

«Non mi va, cioè sarebbe fantastico. Ma io voglio stare qui. Il mio sogno non è andare via.»

«Qual è il tuo sogno?»

«Non lo so ancora.»

«Sei sicura?»

Mi guardo intorno. «Voglio fare quello che fai tu» le dico sottovoce.

«Finalmente.»

«Lo sapevi?»

«Ho avuto molti pazienti di tutte le età. E molti studenti universitari, ma nessuno si è mai fermato a leggere le riviste dopo una seduta o a ficcare la testa nella mia libreria. Se vuoi puoi prendere qualche testo.»

«E voglio capirci qualcosa di quello che mi succede. Voglio studiare e aiutare qualcun altro. Un giorno a qualcuno succederà la stessa cosa. Voglio che tutto questo serva a qualcuno. E non vorrei essere così incazzata con te.»

«Ti passerà. Dimmi, Giulia, perché siamo andati a Napoli?»

La guardo confusa. «Per trovare Alessio.»

«Ma non era la tua vita, la tua storia. Non eri tenuta a farlo.»

«Glielo dovevo.»

«Davvero? Siamo andati fin lì solo per Alice?»

«Per i sogni» bofonchio, «lei mi tormentava.»

«Quindi non ti sentivi in colpa?»

«Volevo essere libera, volevo che Mattia mi guardasse senza considerarmi una pazza.»

«L'hai fatto per te. Non per Alice» e questa verità detta ad alta voce suona più come una guarigione che come una condanna.

«La vedevo ogni notte, non riuscivo più a ignorarla. Non mi lasciava in pace.»

«E ora?»

«Non la sogno quasi più.»

«Possiamo considerare il viaggio a Napoli una sconfitta?» Ecco dove vuole arrivare. Dimostrarmi che andare fin lì è servito a qualcosa. Anche se non ho conosciuto Alessio.

«No, direi di no. Se domani, svegliandomi, dimenticassi che siamo arrivate fin qui, ti autorizzo a raccontarmi ogni cosa. Non voglio ricominciare daccapo.»

«Non so se posso farlo.»

«Sono io la paziente, la vita è mia, ti firmo qualunque cosa.»

«A martedì» dice solo.

«Ti telefono» ribatto, come se fossimo due innamorati che hanno paura di dirsi addio.

«Giulia?» Mi chiama quando sono già nella sala d'attesa vuota. Così torno indietro.

«Sì?»

«Sono incinta. Tecnicamente non sei più, o ancora, una mia paziente. Per cui facciamo finta di non essere in questa stanza. Sono incinta.»

«Sono felice, davvero» e senza pensarci vado a sedermi al piano. Ci sono così tante cose che forse non ricorderò più. Quando comincio a suonare *La Longue Route* di Yann Tiersen so che l'ho ascoltata proprio in questo studio per la prima volta. Le mani corrono sui tasti. Non chiudo gli occhi, ma focalizzo le note come se mi apparissero per la prima volta. E quest'apparizione è la più grande delle benedizioni.

Quando la gente si preoccupa per la tua salute, è facile dire *Oggi va meglio*. Sì, decisamente ora mi sento un'altra. Ma le immagini di Alice non mi abbandonano mai. La vedo camminarmi di fianco, rispondere prima di me alle domande di mia madre.

Prendo le medicine, faccio gli esercizi di memoria, guardo film con un messaggio positivo, ma lei non mi lascia mai sola. Anche se chiudo gli occhi. Soprattutto se chiudo gli occhi. Prova a spiegarlo alla gente cos'è la pazzia.

La sera è arrivata improvvisa e mi chiedo dove sia finita la giornata, inghiottita in una dimensione in cui io sono ancora nel mio letto alle prese con le lenzuola e la sveglia. A grandi passi percorro la strada fino alla fermata del bus. Potrei tornare a casa, passare da Mattia o telefonare a Romina. E d'improvviso sono le possibilità a darmi la felicità. È solo un attimo, un brivido dalla testa ai piedi che si ferma allo stomaco. Sorrido, un uomo con il cappello calato sulla fronte mi guarda corrucciato. Scoppio a ridere. Rido per Mattia che realizzerà i suoi sogni, per Angela che avrà qualcuno da accudire per sempre. Per la mia passione per la psicologia. E per Alice, forse me lo sono immaginato il suo passaggio sulla terra. Ma ora è libera come una farfalla, la regina delle farfalle. Rido e piango insieme. Lascio passare il primo autobus, resto sola alla fermata. Ne passa un altro. Ma non ho fretta, non ho ancora deciso dove andare. Ecco, non so come andrà a finire. Ma so come comincia.

Accidenti, conosco l'inizio a memoria.

Finito di stampare nel mese di febbraio 2020
presso Grafica Veneta S.p.A.
via Malcanton, 2 – Trebaseleghe (PD)